ESCUTANDO O ESPÍRITO NO TEXTO

GORDON FEE
ESCUTANDO O ESPÍRITO NO TEXTO

Copyright © 2000 Wm B. Eerdmans Publishing Co.

Originalmente publicado em inglês com o título *Listening to the Spirit in the Text* pela William B. Eerdmans Publishing Company, em Grand Rapids, Michigan, 49505, EUA, e pelo Regent College Publishing, Vancouver, Cambridge, Reino Unido.

Copyright da tradução © Vida Melhor LTDA, 2023
Todos os direitos desta publicação são reservados por Vida Melhor Editora LTDA.

As citações bíblicas são da *Nova Versão Internacional* (NVI), da Bíblica Inc., a menos que seja especificada outra versão da Bíblia Sagrada.

Os pontos de vista desta obra são de responsabilidade de seus autores e colaboradores diretos, não refletindo necessariamente a posição da Thomas Nelson Brasil, da HarperCollins Christian Publishing ou de sua equipe editorial.

Produção e preparação: *César Moisés Carvalho*
Tradução: *Céfora Carvalho*
Revisão: *Judson Canto, Shirley Lima e Pedro Marchi*
Diagramação: *Alfredo Loureiro*
Capa: *Rafael Brum*

EQUIPE EDITORIAL
Publisher: *Samuel Coto*
Coordenador: *André Lodos*
Assistente: *Lais Chagas*

Dados Internacionais de Catalogação na Publicação (CIP)
(BENITEZ Catalogação Ass. Editorial, MS, Brasil)

```
F319e    Fee, Gordon
1.ed.        Escutando o Espírito no texto/ Gordon
         Fee; tradução Céfora Carvalho. – 1.ed. –
         Rio de Janeiro: Thomas Nelson Brasil,
         2023.
         224 p., 13,5 x 20,8 cm.

         Título original: Listening to the
         spirit in the text.
         ISBN 978-65-5689-672-4

            1. Espiritualidade – Cristianismo.
         2. Igrejas – Ensino bíblico.
         3. Pentecostalismo. 4. Pneumologia.
         5. Protestantismo. 6. Vida espiritual – Ensino bíblico.

05-2023/186                                    CDD 230.04115
```

Índice para catálogo sistemático:
1. Vida espiritual: Ensino bíblico: Cristianismo
230.04115
Aline Graziele Benitez – Bibliotecária – CRB-1/3129

Thomas Nelson Brasil é uma marca licenciada à Vida Melhor Editora Ltda.
Todos os direitos reservados à Vida Melhor Editora Ltda.
Rua da Quitanda, 86, sala 218 – Centro
Rio de Janeiro, RJ – CEP 20091-005
Tel.: (21) 3175-1030
www.thomasnelson.com.br

Sumário

Pentecostal-carismático ... 7
Prefácio à edição brasileira ... 13
Prefácio do autor ... 17

O texto e a vida no espírito

1. Exegese e Espiritualidade: completando o círculo ... 23
2. Sobre escrever um comentário bíblico ... 38
3. Sobre ser um cristão trinitariano ... 47
4. Algumas reflexões sobre a espiritualidade paulina ... 57
5. A visão neotestamentária sobre riqueza e posses ... 74
6. Questões de gênero: reflexões sobre a perspectiva do apóstolo Paulo ... 82
7. O bispo e a Bíblia ... 105

O texto e a vida na igreja

8. O Espírito Santo e a adoração nas comunidades paulinas ... 119
9. Delineando uma teologia paulina da glossolalia ... 135
10. Laos e a liderança cristã na Nova Aliança ... 153
11. Reflexões sobre a ordem eclesiástica nas Cartas Pastorais ... 182
12. O reino de Deus e a missão global da igreja ... 200

Pentecostal-carismático

Pentecostal pensa? Há erudição pentecostal? Existe Teologia Pentecostal? Pentecostal produz conhecimento teológico? Qual é a contribuição dos teólogos pentecostais para o arcabouço teológico da tradição cristã?

Até pouco tempo atrás, essas perguntas eram bem comuns nos círculos teológicos protestantes. Hoje, com o que vem sendo traduzido, aliado a uma ainda tímida produção nacional, essas questões, longe de ofenderem os pentecostais-carismáticos, revelam, no mínimo, desconhecimento ou desonestidade intelectual.

A erudição bíblico-teológica pentecostal-carismática, representada por nomes como Gordon Fee, Roger Stronstad, Amos Young, Craig Keener, Robert Menzies, Anthony Palma, Frank Macchia, French Arrington, Steven Land e Kenneth Archer, para ficar apenas nesses exemplos, conta com muito material ainda não publicado em português. Isso sem falar nos nomes femininos, como os das teólogas Deborah Menken Gill, Cheryl J. Sanders, Monique M. Ingalls e Teresa Berger. A propósito, esse é outro aspecto importantíssimo a evidenciar que a tradição carismático-pentecostal se encontra na vanguarda, pois no protestantismo tradicional, com raras exceções, ainda se discute se mulher pode ou não fazer teologia.

Na verdade, alguns desses nomes nem mesmo são conhecidos e nunca foram traduzidos para o nosso vernáculo, apesar de sermos

um país cuja quantidade numérica de evangélicos pentecostais-
-carismáticos é infinitamente superior à dos protestantes histó-
ricos ou tradicionais. É igualmente curioso o fato de a erudição
pentecostal — a despeito de a maior parte dessa produção já ter,
no mínimo, duas décadas desde a sua publicação original, com
clássicos de mais de trinta anos em várias edições —, não ter sido
objeto de interesse das editoras ligadas ao pentecostalismo ou
declaradamente pentecostais em solo pátrio.

Felizmente, um novo tempo chegou e, em termos teológicos,
o "gigante *pentecostal-carismático* adormecido" do Brasil está des-
pertando — e os primeiros sinais são bem animadores. Em termos
tanto estrangeiros como nacionais, percebe-se que há uma erudição
bíblico-teológica tipicamente pentecostal-carismática, mas cujas
propostas precisam ser entendidas, pois a forma típica e tradicional
de se pensar e produzir teologia não é a única possível, nem a mais
indicada para a tradição carismático-pentecostal.

Ninguém menos que James K. A. Smith, em seu *Pensando em línguas*, mostra essa verdade ao falar de uma "epistemologia pentecostal".
Sua brilhante argumentação, que une filosofia e Espiritualidade, deli-
neia essa epistemologia defendendo que a fé de expressão pentecostal
tem uma contribuição significativa a dar, não apenas no arcabouço
teológico da tradição cristã, mas também no campo da filosofia especificamente cristã. Contudo, é oportuno observar que, embora esteja
no singular, tal epistemologia — e, consequentemente, teologia —
não forma um bloco monolítico, pois apresenta uma diversidade de
formas e feições, tendo em comum o amor às Escrituras e a crença
firme de que, nos dias de hoje, é possível ter experiência com Deus
por meio do Espírito Santo.

Essa erudição bíblico-teológica ainda aguarda ser conhecida pelos
milhões de carismáticos-pentecostais brasileiros, e a recém-criada
Linha Pentecostal-Carismática da Thomas Nelson Brasil quer torná-la
acessível. Se, por um lado, é evidente que os mais beneficiados com
tal iniciativa são os carismáticos-pentecostais, por outro é igualmente
verdade que os demais interessados, independentemente de suas

tradições ou linhas teológicas, terão acesso a esse material e poderão aprofundar-se no conhecimento teológico da tradição carismático-pentecostal, de modo a esclarecer equívocos e talvez até mesmo superar alguns preconceitos.

Algumas observações são pertinentes e necessárias quando se trata de publicar tal literatura. A primeira delas é que, conforme acabou de ser dito, a grande tradição carismático-pentecostal é plural e muito diversificada mundo afora. Assim, quem não está inteirado de tal diversidade pode estranhar determinados autores e obras, e ainda se surpreender com a argumentação de autores já traduzidos e publicados há anos no Brasil, mas que tiveram seus textos editados, ou seja, "atenuados", e acabarão descobrindo, com as publicações de nossa Linha Pentecostal-Carismática, que as obras traduzidas para nosso vernáculo foram as menos carismático-pentecostais de autores consagrados como Gordon Fee, só para citar um exemplo.

A segunda observação é que essas obras não fazem parte de uma série (salvo quando isso for informado aos leitores) e, por esse motivo, não há continuidade entre elas nem "concordância de pensamento", por serem livros independentes. Aliás, em se tratando da tradição carismático-pentecostal estrangeira, é extremamente comum um mesmo autor, ao longo de sua carreira, "mudar de pensamento" e corrigir sua argumentação em edições posteriores da mesma obra. Em outras palavras, os autores não se pretendem inerrantes, e por isso textos mais recentes podem "divergir" de outros mais antigos ou até de outras obras de mesma autoria que porventura venham a ser conhecidas no Brasil.

A terceira observação é que, como o leitor perceberá, diferentemente do Brasil, a tradição carismático-pentecostal estrangeira, sobretudo no mundo acadêmico, convive muito bem com a divergência de pensamento e com diferenças de abordagem, até mesmo se unindo para escrever em parceria, sem a obrigatoriedade de que todos pensem da mesma forma e em uma única direção. Obviamente, conquanto cada denominação tenha seus credos específicos, parece não haver uma espécie de mecanismo coercitivo constrangendo seus teólogos a subscrever unilateralmente tais documentos.[1] Portanto, não será incomum se alguns leitores brasileiros menos acostumados com tais situações se sentirem desafiados a pensar que existe um pensamento teológico, biblicamente fundamentado, para além de sua "ortodoxia denominacional".

A quarta observação importante é que será privilegiado o material de cunho bíblico-teológico, mas eventualmente publicaremos obras com análises históricas e sociológicas acerca da tradição carismático-pentecostal. A despeito de haver uma boa quantidade desse tipo de material publicada em português, faltam análises mais específicas e atuais, além de abordagens e relações inéditas que por certo evidenciarão o fato de que, como já ressaltado, a tradição carismático-pentecostal é mais plural e diversificada do que se pensa aqui no Brasil.

Finalmente, a quinta observação diz respeito a algo muito comum: a prática de autores não carismáticos ou pentecostais produzirem obras importantes e necessárias, ainda que sejam até críticas da tradição carismático-pentecostal. Algumas dessas obras constarão de nossa linha Pentecostal-Carismática, pois conhecer seus argumentos e análises é um exercício inteligente. Nesse aspecto, esperamos do leitor maturidade, em vez de estranheza, visto que tais publicações não significam endosso aos argumentos nelas esposados; elas simplesmente fazem parte do processo de aculturação quanto ao convívio com o pensamento divergente, de modo a aperfeiçoar o nosso.

Se, até uma época recente, não era tão interessante se falar em teologia pentecostal, hoje a situação mudou, e editoras declaradamente reformadas têm publicado excelentes títulos de teólogos carismáticos, e até pentecostais, pois, como já foi frisado, há uma erudição

---

[1] Infelizmente, entre a produção desta apresentação e a publicação desta obra, fomos surpreendidos com o descredenciamento pastoral do teólogo pentecostal clássico, Robert Menzies, pelo Presbitério das Assemblies of God (AG), em outubro último, por conta da publicação de sua mais recente obra (*The end of history: pentecostals and a fresh approach to the Apocalypse*), em que ele propõe uma perspectiva escatológica amilenista.

carismático-pentecostal que constitui um campo bastante profícuo e promissor. É o que vamos demonstrar com as publicações da linha Pentecostal-Carismática, as quais se somarão a importantes títulos dessa área já lançados pela Thomas Nelson Brasil. Quem ganha com isso são os leitores.

#soupentecostal

César Moisés Carvalho
Editor da Linha Pentecostal-Carismática

Prefácio à edição brasileira

"Um estudioso em chamas." Foi dessa maneira que Gordon Donald Fee — após a experiência de chamar a atenção de um pregador que cometera diversos erros e inconsistências em seu sermão, ouvindo dele que preferia ser "um tolo em chamas a um estudioso gelado" — disse que gostaria de ser conhecido. E, de acordo com o depoimento de seus alunos e colegas de trabalho e ministério, ele conseguiu ser exatamente isso: um estudioso em chamas. Apesar de ter sido chamado às mansões celestiais no dia 25 de outubro de 2022, as excelentes obras do "estudioso em chamas" confirmam o que ele disse certa vez em uma aula do Novo Testamento: "Esta não é uma aula sobre Novo Testamento! É uma aula sobre imortalidade! Um dia você ouvirá: 'Fee está morto'. Não acredite! Estarei cantando com meu Senhor e Rei." Fee foi um erudito verdadeiramente piedoso e carismático, com uma vasta produção, alguém que as novas gerações ainda precisam conhecer e com quem têm muito a aprender. Falando assim, parece que o teólogo em questão é desconhecido. Nada mais enganoso!

Há muitos anos Gordon Fee é um dos autores estrangeiros mais apreciados nos círculos teológicos protestantes. Títulos consagrados há décadas demonstram esse fato, o mais conhecido deles chegando quase à marca de um milhão de exemplares vendidos. É sabido que ele era "pentecostal" e "arminiano", mas, como suas obras publicadas em português, à exceção de uma mais recente, são muito evangelicais, ou "reformadas", ou seja, "padrões", pouco na leitura delas parece guardar alguma relação com a tradição pentecostal-carismática. E, de fato, parece ter sido assim que ele foi vendido e aceito pelo *mainstream* teológico brasileiro. Todavia, ele era filho de um pastor da Assembleia de Deus, tendo sido igualmente ordenado pela denominação e a ela pertencendo por muitos anos, passando pela principal experiência do pentecostalismo clássico — o batismo no Espírito Santo. Na verdade, hoje, ele pode ser devidamente classificado como "carismático", pois, por não ter defendido a doutrina da evidência inicial como única e exclusiva maneira de se compreender o batismo no Espírito Santo, não se enquadra totalmente nos círculos do pentecostalismo clássico.

À parte essa particularidade, os leitores acostumados com tal visão acerca de Fee terão uma surpresa ao perceber, com a leitura de *Escutando o Espírito no texto*, que estão diante de um erudito com etos pentecostal. E não apenas isso; os leitores vão se defrontar com um teólogo que defende a necessidade da experiência com o Espírito para um exercício exegético bem-sucedido, visto que "a verdadeira exegese tenta envolver-se na *Espiritualidade* do autor, e não apenas nas palavras que ele utilizou". Como ficará claro, tal Espiritualidade não é primariamente litúrgica ou padronizada, e sim experiencial, ou seja, não estereotipada, mas livre e espontânea. É nesse sentido que Fee defende que a exegese e a Espiritualidade "não estão separadas, nem são disciplinas distintas, e sim uma única disciplina que requer que sejamos bons historiadores — ou seja, bons estudantes da Palavra — e bons adoradores".

Mas ninguém deve pensar que sua perspectiva consiste em proceder à exegese de forma separada da Espiritualidade, ou seja, deixando o "momento devocional" ou doxológico do labor interpretativo apenas para o final, para a "aplicação". Nada mais enganoso. Sua proposta, conforme ultimamente se discute no Brasil, aloca-se confortavelmente numa "hermenêutica pentecostal", pois defende a Espiritualidade como pressuposto do exercício exegético, e não apenas como seu resultado. Mesmo porque, de acordo com o que ele assevera ao abordar uma porção muito mal utilizada do documento de 1Coríntios

(12—14), "o Espírito era experimentado nas comunidades paulinas; não era simplesmente um assentimento credal".

Enfim, convidamos o leitor a conhecer um material que exibe um Gordon Fee verdadeiramente pentecostal-carismático. Na verdade, a presente coletânea de artigos que ele mesmo escolheu para publicar em forma de livro revela o segredo do sucesso de seu trabalho como exegeta, teólogo bíblico e comentarista de primeira grandeza.

César Moisés Carvalho
Editor da Linha Pentecostal-Carismátaco

Prefácio do autor

Devo algumas explicações sobre esta coletânea de artigos, pois só um deles (capítulo 8) está sendo publicado pela primeira vez. A origem deste livro reflete o que também é fato com relação à maior parte dos textos que o compõem: eles foram reunidos graças ao incentivo de amigos do Regent College e da Eerdmans Publishing Company, que acreditam no grande valor destes escritos para um público mais amplo. Fui convidado a escrever a maior parte deles, o que me deu a oportunidade de pôr no papel alguns assuntos sobre os quais tenho refletido.

Os textos têm duas coisas em comum. Em primeiro lugar, refletem meu interesse pelo estudo de Paulo, especialmente o papel desempenhado pelo Espírito na vida espiritual do apóstolo e de suas comunidades. O primeiro capítulo vai ao que considero o cerne do assunto: que a Espiritualidade do texto bíblico deveria ser parte de nossa investigação histórica — e de nossa obediência — na condição de exegetas do Novo Testamento. Em segundo lugar, ao contrário da maioria de meus outros trabalhos, estes textos não foram escritos com o clero e os teólogos em mente, e sim para um público mais amplo. Na verdade, seis deles foram publicados na *Crux*, que tem por subtítulo "Uma revista trimestral sobre opiniões e reflexões cristãs publicada pelo Regent College". Além do capítulo 8, que foi uma palestra ministrada na Regent College Summer School, em julho de 1997, outros cinco textos também foram originalmente uma apresentação oral (capítulos 1, 3, 6, 10 e 11) e só depois vieram a ser publicados, razão pela qual decidi manter o estilo original de alguns deles.

Também evitei fazer mudanças significativas na forma como foram publicados. Juntos, esses fatores indicam que 1) há certa descontinuidade entre os textos, 2) há uma inevitável repetição nos assuntos abordados e 3) algumas citações a outros autores e publicações não foram devidamente referenciadas no rodapé.

Com relação ao segundo ponto, isso se aplica de modo especial à minha preocupação em resgatar a palavra "espiritual" (e "Espiritualidade") — principalmente no que diz respeito ao seu uso em Paulo — dos vários significados em inglês derivados de uma concepção grega que nada tem a ver com a paulina. Com relação ao terceiro ponto, dou maior destaque principalmente às referências que faço no capítulo 6 a textos de meus três colegas do Regent College: Maxine Hancock, Iain Provan e Rikki Watts. Suas palestras sobre questões de gênero precederam a minha na Regent College Winter School e todas foram publicadas na mesma edição da revista *Crux*.

Quero agradecer a dois alunos do Regent College, Rob Clements (editor da Regent College Bookcentre) e Mike Thomson (professor assistente, que agora ocupa também o cargo de diretor de vendas da Eerdmans), por sua iniciativa em fazer com que este projeto fosse publicado. Também agradeço à editora Eerdmans por sua disposição em publicar estes textos e permitir que permanecessem em seu formato original, mesmo sendo tão diferentes de outras publicações que lançamos juntos (Comentários sobre 1Coríntios e Filipenses e uma coleção de artigos sobre a crítica textual do Novo Testamento, que escrevi em parceria com Eldon J. Epp).

Por fim, quero deixar meu agradecimento a outros editores e editoras (Hendrickson Publishers, InterVarsity Press, *Crux*, *New Oxford Review*, *Theology Today* e *Journal of the Evangelical Theological Society*), por permitirem que eu republicasse os artigos aqui. As datas originais de publicação são:

Capítulo 1: *Crux*, v. 31, n. 4 (1995), p. 29-35.

Capítulo 2: *Theology Today*, n. 46 (1990), p. 387-92.

Capítulo 3: *Crux*, v. 28, n. 2 (1992), p. 2-5.

Capítulo 4: *Alive to God: studies in spirituality presented to James Houston* (ed. J. I. Packer; L. Wilkinson; Downers Grove: InterVarsity, 1992), p. 96-107.

Capítulo 5: *New Oxford Review*, n. 48 (maio de 1981), p. 8-11.

Capítulo 6: *Crux*, v. 35, n. 2 (1999), p. 34-45.

Capítulo 7: *Crux*, v. 29, n. 4 (1993), p. 34-39.

Capítulo 9: *Crux*, v. 31, n. 1 (1995), p. 22-31.

Capítulo 10: *Crux*, v. 25, n. 4 (1989), p. 3-13.

Capítulo 11: *Journal of the Evangelical Theological Society*, n. 28 (1985), p. 141-51.

Capítulo 12: *Called and empowered: pentecostal perspectives on global mission* (ed. M. W. Dempster; B. D. Klaus; D. Petersen; Peabody: Hendrickson, 1991), p. 7-21.

Gordon D. Fee

CAPÍTULO 1
Exegese e Espiritualidade: completando o círculo[1]

Embora eu venha refletindo sobre o assunto principal deste texto há um bom tempo, a vontade de discorrer sobre ele surgiu enquanto eu produzia o comentário das Cartas de Paulo aos Filipenses, durante o verão e a primavera de 1994. Ao examinar detidamente o texto paulino, experimentei um encontro contínuo com o Deus vivo: Pai, Filho e Espírito Santo. Esse encontro ocorreu de duas formas. Por um lado, enquanto eu estudava o texto, na tentativa de torná-lo significativo para as pessoas da igreja, sentia-me tantas vezes impactado pelo poder da Palavra que começava a chorar, a me regozijar, a orar e a adorar. Por outro lado, comecei também a experimentar o conteúdo dessa carta no cotidiano da igreja de uma forma tão poderosa que me senti compelido a mencionar essa experiência no parágrafo final do prefácio do livro:

> A produção deste *Comentário* é diferente de tudo que já experimentei como parte da igreja até agora. No curso habitual de meus compromissos eclesiásticos, em uma variedade de igrejas ao longo dos quatro

---

[1] Este artigo foi a primeira de quatro palestras ministradas na Conferência Ongman do Seminário Teológico de Örebro, na Suécia, em dezembro de 1994, e repetida com pequenas alterações na Conferência Huber Drumwright do Seminário Teológico Batista do Sudoeste, em outubro de 1995. Decidi manter o estilo de palestra e resisti à tentação de adicionar notas de rodapé.

meses e meio em que escrevi o primeiro rascunho do livro, domingo após domingo, o culto (incluindo a liturgia) ou o sermão estavam ligados de forma bem direta ao texto que eu havia estudado na semana anterior. Era como se o Senhor estivesse me permitindo ouvir as passagens em um ambiente litúrgico e homilético, e isso me fez parar para "escutá-las" de novas formas. É difícil descrever essas experiências, que tiveram profundo impacto em meus *shabats* durante o período sabático, e sua regularidade pareceu muito mais que mera coincidência. Tudo isso fez com que minhas segundas-feiras também tivessem um padrão, já que eu retornava ao trabalho da semana anterior para refletir e orar mais uma vez.

Este artigo nasceu dessas experiências. O que pretendo examinar é a ligação entre exegese e espiritualidade, entre o exercício histórico de buscar a intenção original do texto e a experiência de ouvir o texto no presente, a partir de sua espiritualidade pressuposta e intencional. Para isso, tentarei abordar três assuntos: primeiro, algumas considerações sobre espiritualidade; segundo, algumas reflexões sobre exegese; terceiro, algumas sugestões sobre como ambas devem estar interligadas, para que possamos interpretar as Escrituras de forma apropriada, ou seja, *em seus termos*.

É importante ressaltar que esses dois tópicos são comumente tratados como se não tivessem relação alguma. De fato, na maioria dos seminários teológicos, é possível aprender sobre exegese, mas a "espiritualidade", um dos conceitos mais difíceis de definir, é deixada para o indivíduo — e raramente se sugere que tenha alguma relação com a primeira. Na verdade, até mesmo no Regent College, em que temos professores que ensinam ambas as disciplinas, nossos alunos tendem a fazer cursos que se concentram em uma ou em outra, e acabam ficando com a impressão de que exegese e espiritualidade são disciplinas separadas — o que, do ponto de vista acadêmico, elas de fato são, mas meu ponto aqui é que essas áreas devem aproximar-se de alguma forma ou o objetivo final da exegese será perdido.

1. ESPIRITUALIDADE

Começo com uma convicção particular e apaixonada: a de que o objetivo final de toda teologia é a doxologia. Teologia que não começa e termina com adoração não é bíblica, mas apenas um produto da filosofia ocidental. Da mesma forma, insisto em que o objetivo final de toda exegese verdadeira é, de uma forma ou de outra, a espiritualidade. E insisto nisso por estar convicto de que a tarefa exegética só é realizada de forma fiel à intenção do próprio texto quando a exegese é entendida dessa forma.

Permitam-me começar pela tarefa mais difícil: oferecer uma definição de espiritualidade. Como resultado de minha pesquisa sobre o uso da palavra *pneuma* ("Espírito") nas cartas de Paulo, cada vez me deixava mais aflito a forma de traduzirmos o adjetivo *pneumatikos* por uma palavra comum: "espiritual". Porque "espiritual" é uma palavra "acordeão", cujo significado varia de acordo com a quantidade de ar colocado dentro ou fora dela. O ponto principal aqui é que a palavra *pneumatikos*, termo distintamente paulino no Novo Testamento, tem o Espírito Santo como referência primária. Paulo jamais a utiliza como adjetivo para se referir ao espírito humano. E, seja como for, não será um adjetivo que estabelecerá alguma realidade *invisível* em contraste com algo material, secular, ritual ou tangível, por exemplo.

Portanto, a espiritualidade é definida no Novo Testamento em consonância com o Espírito de Deus (ou de Cristo). Uma pessoa é espiritual quando vive e anda conforme o Espírito. Na Escritura, essa palavra não tem outro significado nem outra medida. Assim, quando Paulo diz que "a Lei é espiritual", quer dizer que a Lei pertence à esfera do Espírito (inspirada pelo Espírito, como ele é), e não à esfera da carne. E isso apesar da forma como a carne se aproveitou da Lei, pois, embora seja do Espírito, a Lei não veio acompanhada pelo *dom* do Espírito, que lhe permite viver no coração do povo de Deus. Assim, quando Paulo diz em 1Coríntios 14:37: "Se alguém pensa que é profeta ou espiritual...", ele quer dizer: "Se alguém entre vocês se considera uma pessoa do Espírito, uma pessoa que vive a vida no Espírito...". E quando ele diz em Gálatas 6:1 que, "se alguém for surpreendido em algum pecado, vocês, que são espirituais deverão restaurá-lo com mansidão", não está se referindo a um grupo especial ou elitizado da igreja, mas ao restante da comunidade, que iniciou e concluiu sua caminhada espiritual pelo mesmo Espírito que produz fruto na vida deles.

Assim, no Novo Testamento, a existência cristã é trinitária já em suas raízes. Do começo ao fim de todas as coisas, é ao próprio Deus eterno que judeus e cristãos sempre se referem como o Deus vivo. A intenção de Deus ao criar seres como nós, à sua imagem, foi relacionar-se conosco, para que pudéssemos viver em comunhão com o Deus vivo, como aqueles que carregam sua semelhança e realizam seus propósitos na terra. Desde antes da Queda, somos informados de que Deus estabeleceu seu propósito de redimir os caídos, de modo a reformular a visão de Deus, atualmente distorcida e, assim, restaurar-nos à comunhão perdida por causa da rebeldia. Somos informados também de que Deus fez isso por meio dele mesmo, vindo até nós na pessoa de seu Filho, que, em determinado ponto da história humana, efetuou nossa redenção e reconciliação com o Deus vivo por meio de uma morte humilhante e de uma gloriosa ressurreição. Mas ele não nos deixou por conta própria; antes, propôs-se a nos ajudar — e essa é a razão pela qual ele vem até nós e vive entre nós através de seu Santo Espírito.

Nesse sentido, o propósito divino em nossas vidas é "espiritual": que nós, redimidos pela morte de Cristo, recebamos o poder por seu Espírito, para que Deus efetue em nós tanto o "querer quanto o realizar, de acordo com a boa vontade dele" (Filipenses 2:13). A verdadeira "Espiritualidade", portanto, é nada mais nada menos que a vida pelo Espírito. "Se vivemos pelo Espírito", diz Paulo aos gálatas, "andemos também pelo Espírito" (Gálatas 5:25).

Este é o objetivo da exegese: produzir em nossa vida e na vida dos outros a verdadeira Espiritualidade, de modo que o povo de Deus viva em comunhão com o Deus vivo e eterno, de acordo com os propósitos dele no mundo. Mas, para fazer isso efetivamente, a verdadeira "Espiritualidade" deve preceder a exegese, bem como fluir dela.

Por isso, sempre digo aos meus alunos: "Tenha o toque de Deus em sua vida. Viva em comunhão com ele; esteja entre aqueles que clamam como o salmista: 'Meu corpo e minha alma anseiam por ti'; 'Ó Deus, tu és o meu Deus, eu te busco intensamente; a minha alma tem sede de ti, numa terra seca, exausta e sem água'" (Salmos 63:1). Se aqueles que ensinam e pregam a Palavra de Deus, cuja pregação deve basear-se em uma sólida exegese do texto, não anseiam por Deus, não têm fome nem sede de Deus e não vivem constantemente em sua presença, como vão alcançar o objetivo final da exegese e conduzir o povo de Deus a uma genuína Espiritualidade?

Na verdade, não ligo muito para como você denomina o toque de Deus em sua vida — desde que o tenha! Porque, sem a presença e o poder do Espírito Santo, todo o resto é mero exercício, é como dar socos no ar. Para ser um bom exegeta e, consequentemente, um bom teólogo, é preciso conhecer a plenitude do Espírito; e isso inclui uma vida de oração ("orar no Espírito", como diz Paulo) e de obediência.

Mas entenda: um grande perigo está à espreita aqui, principalmente para os chamados a servir a Deus em funções pastorais e de ensino. O perigo é tornar-se um profissional (no sentido pejorativo da palavra), ou seja, analisar textos e falar *a respeito de* Deus, mas deixar que o fogo da paixão *por* Deus se apague aos poucos, por não passar muito tempo falando *com* ele. Temo por meus alunos, pelo dia em que a exegese se tornará fácil ou quando será aplicada primeiramente aos outros. Porque, de modo geral, essa exegese já não está mais acompanhada de um coração fervoroso e, então, o exegeta não permite que o texto fale com ele. Se o texto bíblico não agarrar ou se apoderar da alma de quem o estuda, fará muito pouco por aqueles que o ouvem.

Tudo isso para, finalmente, dizer que o primeiro lugar no qual exegese e Espiritualidade se encontram é na própria alma do exegeta. O propósito da exegese é a Espiritualidade, que deve ser tanto o que o exegeta traz para o exercício exegético como o objetivo final desse exercício em si. Defendo que tal entendimento deve pertencer ao próprio exercício exegético, para o qual nos voltaremos agora.

2. EXEGESE

Não é minha intenção descrever aqui um bom método exegético. Presumo que você já saiba que exegese consiste em fazer as perguntas certas ao texto, que essas perguntas são basicamente de dois tipos (contextuais e de conteúdo), que as questões contextuais também são de dois tipos (literário e histórico) e que as questões de conteúdo são quatro (determinar o texto original, o significado das palavras, as implicações gramaticais e o *background* histórico-cultural). Em vez disso, meu objetivo neste capítulo é discutir sobre como tudo isso se relaciona com o objetivo final da Espiritualidade.

A questão aqui é encontrar um caminho entre dois alertas que espreitam cada lado e atraem o exegeta para um extremo ou para outro. Esses alertas são, por um lado, a metodologia exegética (Scylla, se você preferir) e, por outro, a visão popular da espiritualidade (Charybdis).[2]

Ambos (o método exegético e a espiritualidade) são vistos como se estivessem constantemente em guerra. Como resultado, a piedade na igreja é, por uma boa razão, muito desconfiada do erudito ou do pastor seminarista, que parecem estar sempre dizendo ao povo que o significado do texto não é o que parece. O resultado é uma reação à boa metodologia, já que tal forma de olhar o texto parece ir de encontro aos propósitos de uma leitura mais devocional da Bíblia, em que a "Palavra do dia" é recebida por meio de um encontro direto com o texto, que ocorre por uma forma de leitura mais livre e associativa. A conclusão é que essas pessoas adotam uma abordagem própria do "senso comum" para a Bíblia: leia de maneira sincera, aplique como puder e "espiritualize" (algumas vezes = alegorize) o restante.

Veio, então, o exegeta e disse "não" a essa piedade. Ao tirar a Escritura da comunidade de fé, o exegeta fez dela um objeto de

---

[2] Fee está se referindo à expressão "estar entre Scylla e Charybdis", que significa algo como "escolher o menos pior" ou "escolher o menor dos males". (N. da T.)

investigação histórica. Armado com o chamado método histórico-crítico, ele se engaja em um exercício puro e simples de história, que muitas vezes parece começar com uma postura de dúvida — e às vezes até mesmo com um ceticismo histórico de viés antissobrenaturalista. Ele recorre a jargões profissionais sobre forma, redação e crítica retórica, e, cheio de arrogância, assume uma postura de autoridade sobre o texto, porém frequentemente parece virar o texto de ponta-cabeça, de modo que este não fala mais com a comunidade como a poderosa Palavra do Deus vivo.

O resultado natural dessa bifurcação entre igreja e academia tem sido a suspeita de ambos os lados, e não raro o resultado é uma exegese pobre de um lado e quase nenhuma Espiritualidade do outro.

Parte do problema nesse conflito é o papel da história e da intencionalidade do autor. Exegese, por definição, significa que alguém está buscando a intenção do próprio autor no que foi escrito. Isso implica que os autores tinham certa intenção e que uma boa investigação histórica pode resultar em uma aproximação razoável dela. Significa, acima de tudo, que a tarefa exegética é, em primeiro lugar, histórica e que o primeiro requisito para se fazer uma boa exegese é proporcionar um bom senso histórico a essa tarefa. O que quer dizer que o "significado" está situado primariamente na intencionalidade, na intenção do autor. Para o cristão erudito, isso significa que a Palavra de Deus tem íntima relação com a intencionalidade do autor divinamente inspirado.

Nos dias de hoje, é comum rejeitar essa visão da tarefa exegética, rejeição que provém de muitos lugares e vai além dos piedosos que leem o texto como uma revelação direta a eles: o desconstrucionismo duvida de haver relevância nessa tarefa; a crítica da resposta do leitor argumenta que mais atenção deve ser dada ao texto como tal e em como ele é "ouvido" pelo leitor. De toda parte, somos constantemente lembrados de que 1) ninguém consegue entrar na cabeça do outro e conhecer sua mente — na verdade, às vezes até mesmo questionamos se os próprios autores estavam conscientes do que pretendiam ou se escreveram movidos por interesses não explicitados, mas que também afetam o que eles dizem; e 2) o exegeta não só não acessa o texto como um quadro em branco, como também é movido por seus interesses, isso sem mencionar toda a bagagem cultural e os preconceitos.

À exceção do desconstrucionismo, aceito esses cuidados como adequados à nossa tarefa exegética. Mas também estou disposto a repetir, de forma enfática, que os autores escreviam de forma intencional e que o significado reside, em última análise, nessa intenção. Afinal, todos os que argumentam contra o que defendo demonstram ser, neste momento, bem intencionais em sua escrita, e levantariam (com razão) grande objeção a mim se eu distorcesse as palavras deles da mesma forma que parecem estar fazendo com as palavras do escritor bíblico. Minha referência aqui é o próprio apóstolo Paulo, que, ao escrever à igreja de Corinto, faz uma considerável objeção à interpretação equivocada — mais provavelmente à distorção — por parte dos coríntios, do que ele acreditava ser a intenção de sua carta. Refiro-me, obviamente, a 1Coríntios 5:9-10: "Já lhes disse por carta que vocês não devem associar-se com pessoas imorais", e eles, aparentemente, entenderam (*i.e.*, o que Paulo pretendia) que não deveriam associar-se a pessoas de moral duvidosa de fora da igreja. Mas Paulo não queria nada disso, então explicou sua intenção específica: "Com isso não me refiro aos imorais deste mundo, nem aos avarentos, aos ladrões ou aos idólatras". Encontramos outro exemplo disso em Filipenses 3:12, quando Paulo afirma: "Não que eu já tenha obtido tudo isso", e explica, para não deixar dúvida: "... mas prossigo para alcançá-lo". Portanto, deixem-me dizer mais uma vez: autores são intencionais e, uma vez que possuem um ego pelo menos normal, não aceitam ser citados ou interpretados indevidamente, nem que seus textos sejam distorcidos — e tudo isso à luz do que entendem ter sido sua intenção ao escrever.

A esta altura, não preciso lembrar a todos de que as várias formas de intencionalidade são inerentes aos diferentes gêneros literários e recursos retóricos; que a poesia, por exemplo, não é prosa, e que cada uma tem uma forma diferente de intenção; ou que a prosa não é toda de um mesmo estilo, que as cartas têm uma forma de intenção diferente (dependendo do tipo) das narrativas ou dos aforismos; ou que a retórica às vezes envolve o autor em hipérbole, jogos de palavras ou metáforas, cada qual com sua intenção. Quando falamos de "intencionalidade", portanto, entendemos que isso inclui forma/estilo/gênero com que um autor pretende se comunicar.

Estabelecido esse ponto, permitam-me dar um passo adiante, que também nos conduzirá ao ponto final: a interseção entre exegese e espiritualidade na tarefa exegética em si. Em vez de ver a exegese e a espiritualidade como opostos ou como uma precedendo ou seguindo ou tendo mais importância do que a outra, proponho 1) que a exegese bíblica fiel pertença à comunidade de fé, com aqueles que seguem — de forma precisa ou imprecisa, mas sempre com essa intenção — o curso das comunidades para quem aqueles documentos foram escritos; 2) que tal exegese considere o propósito Espiritual para o qual os documentos bíblicos foram escritos, sendo Espiritualidade o que foi definido no tópico anterior.

3. EXEGESE E ESPIRITUALIDADE

Pelo menos em ponto, os que temem os exegetas eruditos estão certos, a saber, ao queixar-se de que eles tendem a tratar a Escritura como uma questão meramente histórica e por fim, com certa frequência, se tornam céticos com relação a essa história também. Quero ser bastante enfático ao dizer que apesar de o primeiro objetivo da exegese ser histórico (ou seja, determinar o significado pretendido pelo autor do texto), não é esse o objetivo *final*. O objetivo final — e agora vou me repetir — é o Espiritual, ou seja, ouvir o texto de tal forma que conduza o leitor/ouvinte a adorar a Deus e a estar em comunhão com ele. Meu ponto é que esse objetivo não deve ser separado do histórico nem adicionado ao fim da exegese. Ao contrário, determinar a intenção Espiritual do texto, e aqui Espiritual deve ser entendido como já o definimos, pertence legitimamente — e até necessariamente — ao objetivo histórico em si.

Não quero dizer com isso que a aplicação ou devoção, como costumamos chamar, deva ser entendida como parte do exercício exegético. Ao contrário, quero dizer que os autores bíblicos não só foram inspirados pelo Espírito Santo — conforme cremos —, como também trouxeram sua Espiritualidade para o texto. Meu ponto é que a verdadeira exegese tenta envolver-se na *Espiritualidade* do autor, e não apenas nas palavras que ele empregou. Além disso, nosso compromisso, a esta altura, não é cumprir uma tarefa meramente descritiva (como dizer: "Paulo era um apaixonado seguidor de Cristo"), mas também genuinamente empática, para que nós mesmos possamos nos tornar seguidores apaixonados por Cristo, depois de ouvir o texto nos termos de Paulo, e não apenas em nossos termos.

Por exemplo, qual a utilidade, terrena ou eterna, em fazer a exegese de Filipenses 1:21 ("para mim o viver é Cristo, e o morrer é ganho") de forma puramente descritiva, sem nos comprometermos com a intenção de Paulo, que era levar os próprios filipenses a adotar sua visão sobre a vida terrena? É fácil definir o contexto desse texto. Paulo está considerando os dois possíveis desfechos de sua prisão — a liberdade ou a execução —, e oferece uma breve reflexão pessoal sobre o que cada uma delas significa para ele. Podemos ir adiante e descrever o poder retórico de sua assonância, que pode ter levado os filipenses a escutar essas palavras de formas que não captamos, e sugerir, à luz do que já conhecemos sobre Paulo, que essa afirmação provavelmente registra o lema de sua vida. Na verdade, podemos ir ainda mais longe e tentar captar algo sobre a Espiritualidade de Paulo e, assim, comentar, por exemplo (e agora cito o *Comentário*):

> Conforme ele escreve em [Filipenses] 3:12-14, uma vez que foi "preso por causa de Jesus Cristo", Cristo tornou-se então o objetivo singular de sua vida. "Cristo" — crucificado, Senhor exaltado, presente pelo Espírito, o Rei vindouro; "Cristo", aquele que sendo Deus "esvaziou-se a si mesmo" e como homem "humilhou-se a si mesmo" — para morrer na cruz —, a quem agora Deus exaltou à mais alta posição e lhe deu o

nome que está acima de todo nome (2:6-11); "Cristo", aquele por cuja causa Paulo "perdeu todas as coisas" de bom grado para "ganhá-lo" e "conhecê-lo", tanto o poder de sua ressurreição como a participação em seus sofrimentos (3:7-11); "Cristo", o nome que resume para Paulo toda a grandiosidade de seu novo relacionamento com Deus: devoção pessoal, compromisso, serviço, evangelho, ministério, comunhão, inspiração — tudo.

Mas qual é o objetivo de tal descrição, se não nos aprofundarmos na pergunta sobre a intenção de Paulo, sobre o que ele esperava que os filipenses fizessem com tal declaração? E o que significa para nós, herdeiros desse texto, chegar até ele com nossos lemas (por exemplo, "Viver é ser respeitado por colegas de trabalho e alunos"), que parecem tão aquém do que Paulo apresenta? No entanto, a menos que o façamos, a menos que encontremos a *Espiritualidade* de Paulo, como estaremos verdadeiramente comprometidos com o objetivo final da exegese? Porque essas palavras não são apenas um aforismo autobiográfico: elas pretendem convocar os filipenses — e a nós — a imitar Paulo.

O apóstolo deixa isso bem claro em Filipenses 4:9: "O que também aprendestes, e recebestes, e ouvistes, e vistes em mim, isso fazei". A verdadeira Espiritualidade, a vida no Espírito, é o cerne de tudo o que Paulo escreve para eles; e é aí que o tema da "imitação" — presente em muitas cartas paulinas e que, indiscutivelmente, domina Filipenses do começo ao fim — encaixa-se precisamente em sua forma de ver as coisas. Seus leitores são convidados a imitá-lo, a seguir seu estilo de vida cruciforme, como descrito em sua biografia em 3:4-14, intimamente relacionada com a história de Cristo, relatada em 2:5-11. A questão em Filipos é a necessidade de ter essa mesma mentalidade com relação ao evangelho e de conviver uns com os outros com aquela humildade que prioriza as necessidades e os interesses dos outros. Assim, eles são instados a viver conforme a mentalidade de Cristo, que, como Deus, demonstrou o verdadeiro caráter divino ao se esvaziar e tomar a forma de servo; e, como homem, humilhou-se e foi obediente até a morte — e morte de cruz. Mas eles são convidados ainda a imitar Paulo, cuja história tem como foco "o conhecimento de Cristo Jesus, meu Senhor", que, como ele explica mais adiante, significa conhecer o poder de sua ressurreição, participar de seus sofrimentos e ainda ser à semelhança do que Cristo foi em sua morte. Os que vivem de outra forma, Paulo segue dizendo em Filipenses 3:18-19, aqueles cuja mente está no presente, nas coisas terrenas, são inimigos da cruz. Para ouvir essas cartas de forma apropriada, temos de estar preparados para imitar Paulo em seu estilo de vida cruciforme, pois sua vida foi uma imitação do esvaziamento de Cristo pelo bem de outros, a ponto de morrer na cruz.

E isso me conduz ao último ponto sobre a intenção Espiritual desse tema em Filipenses. Paulo entendia a vida cristã e o discipulado de forma bem diferente de nossa Espiritualidade, pois nos contentamos em colocar a Bíblia nas mãos de alguém, porém jamais convidaríamos essa pessoa a seguir nosso exemplo como seguimos o exemplo de Cristo. Parte de nossa desculpa é que temos, obviamente, uma visão perfeccionista do mundo. Assim, se não somos perfeitos, não devemos sugerir que outros sigam nosso exemplo. Paulo, no entanto, apressa-se em dizer aos seus leitores que ainda não alcançou o pleno conhecimento de Cristo (Filipenses 3:12-14), mas, mesmo assim, convida-os a seguir seu exemplo. Acredito que não adentraremos totalmente a Espiritualidade desses textos se não estivermos prontos para seguir Cristo de forma tão plena a ponto de podermos dizer àqueles a quem ensinamos que eles devem observar nossa vida, e a vida daqueles que se comportam como nós, e seguir nosso exemplo. Não estamos falando de sermos perfeitos, claro, mas de termos uma mentalidade como a de Cristo, para que, pelo poder de sua ressurreição, nossa vida seja vivida em conformidade com sua morte. Se tivermos isso bem definido em mente, e nos comportarmos de acordo e, então, convidarmos outras pessoas a nos seguir nesse caminho, então teremos algo de verdadeiro a dizer sobre nosso mundo decaído. Acredito que a boa exegese e a verdadeira Espiritualidade devem encontrar-se precisamente nesse ponto, em nossa interpretação de Filipenses.

Por fim, meu argumento é que, se não prosseguirmos nessa etapa do processo, ou seja, se nossa exegese e nossa espiritualidade não derem as mãos *nesse* ponto, então posso questionar se o que fazemos pode ser chamado exegese *bíblica*. Para dizer tudo isso de outra forma e em termos contemporâneos, cremos que a Escritura é a Palavra de Deus, pela qual Deus fala conosco, e isso implica que a Escritura é o sujeito e nós somos o objeto. Esses papéis são temporariamente trocados no processo da exegese, quando agimos como sujeito e colocamos o texto como objeto. Entretanto, creio que o processo exegético não estará completo enquanto não retornarmos à posição inicial de objetos que são abordados pelo sujeito.

4. UMA NOTA CONCLUSIVA

Mas nem tudo foi dito. Vamos presumir, por ora, que o que defendi neste capítulo está correto e que a verdadeira exegese não se encerra enquanto não completarmos o círculo e adentrarmos a Espiritualidade pretendida pelo texto. A próxima questão, obviamente, é a seguinte: o que fazemos agora? O que temos de fazer na condição de exegetas, como intérpretes da Palavra, para que tanto a tarefa histórica como a Espiritual sejam executadas, e então possamos combiná-las em nossa vida e deixarmos de enxergá-las como duas disciplinas separadas?

1. A resposta está na postura de alguém perante toda a Escritura, do começo ao fim. Isso implica muitas coisas, mas significa principalmente chegar ao texto com a convicção absoluta de que se trata da Palavra de *Deus*; que Deus fala e nós escutamos. Portanto, nosso objetivo ao abordar o texto é ouvir Deus. Nenhuma outra postura estará exegeticamente de acordo com o texto.

Tal postura também inclui a convicção de que o texto foi inspirado pelo Espírito Santo; porque, só sustentando essa crença, poderemos esperar que esse mesmo Espírito Santo nos ajude na dupla tarefa de sermos bons historiadores e bons ouvintes.

2. A segunda resposta reside em nosso compromisso em fazer uma boa exegese, em ouvir o texto primeiramente nos termos *dele*, e não nos *nossos*. Isso, obviamente, vai contra a noção popular de Espiritualidade, segundo a qual o aprendizado está no caminho de quem quer ouvir o texto de forma espiritual. Mas tal crença sobre o texto distorce o significado bíblico de Espiritualidade. Muitas vezes, essa abordagem traz um sentimento reconfortante com relação ao texto bíblico e a Deus, mas nem sempre conduz à obediência ou ao encontro de seus propósitos ao nos dar esse texto.

Em contraste com essa visão, defendo que a verdadeira Espiritualidade requer que façamos nossa exegese com tanto cuidado quanto nossas habilidades e oportunidades permitirem. Uma vez que todos os que leem o texto também o interpretam, a questão não é sobre quem procede à exegese ou não — todos o farão —, e sim sobre quem fará uma *boa* exegese ou não.

A razão pela qual temos de aprender a fazer uma boa exegese é exatamente o fato de sermos apaixonados por ouvir e obedecer. Isso significa que também devemos ser apaixonados por entender o significado correto do texto — não que Deus esteja esperando nossa exegese para poder falar com a igreja, mas, se o texto nos conduz à Espiritualidade genuinamente bíblica, então devemos entendê-lo de forma correta, a fim de que possamos viver nossa Espiritualidade conforme sua intenção.

3. Isso me leva, em terceiro lugar, a sugerir que nossa exegese aconteça, antes de tudo, no contexto da comunidade de fé. Devemos aprender a ler o texto juntos, a deixar que o exegeta trabalhe duro no texto, mas insisto: o que ele aprender na privacidade dos estudos deve ser testado na comunidade de fé. Isso porque os reais herdeiros dos filipenses, os destinatários originais do texto, não são os eruditos que objetificam o texto e o dominam, mas a comunidade de cristãos comprometida em ouvir Deus e andar em seus caminhos.

4. O que me leva, por fim, ao início. Nossa postura final perante o texto deve ser a mesma com que começamos, porém agora conscientes de uma exegese que concluiu seu círculo. E tal conclusão só acontece

de fato quando nos levantamos e seguimos; quando nós, no desejo de ser "espirituais", reconhecemos que a verdadeira Espiritualidade não é simplesmente a devoção interior, mas uma adoração evidenciada na obediência e na semelhança com Deus que percebemos no próprio Cristo.

Portanto, isto é o que penso sobre exegese e espiritualidade: elas não estão separadas nem são disciplinas distintas; elas constituem uma única disciplina que requer que sejamos bons historiadores, ou seja, bons estudantes da Palavra, e bons adoradores.

CAPÍTULO 2
Sobre escrever um comentário bíblico

Penso em mim como a pessoa menos provável a escrever um comentário bíblico. Isso não só reflete certo nível de insegurança de minha parte (por que alguém se importaria em ler o que escrevi?), como também revela, de forma ainda mais significativa, uma antiga preocupação sobre como um bom comentário deve ser — sem mencionar se eu teria a capacidade para fazê-lo.

Não apenas preciso consultar (felizmente, mas com certa frustração) outros comentários com frequência, como também me pedem constantemente para que eu indique, na condição de professor de seminário, os "melhores" comentários. Isso fez com que eu chegasse a algumas conclusões ao longo dos anos sobre o que deve conter um bom comentário, até que, por fim, criei coragem (integridade?) para tentar escrever o meu (sempre tendo em mente o velho ditado: "Quem tem telhado de vidro..."). Se obtive êxito em atender às necessidades alheias, isso é algo que ainda precisaremos examinar, mas pelo menos posso falar sobre o que me motivou a entrar nessa loucura que alguém denominou de "a forma menos criativa de todas as formas de arte acadêmica".

Antes disso, uma explicação: não acho que a maioria dos comentários seja ruim, embora o nível de aplicação esteja muitas vezes limitado aos parâmetros de uma série (e, em geral, os comentários independentes não fazem muito sucesso). Mas encontrar tudo o que procuro em um único comentário não é algo fácil. Cinco erros comuns me vêm à mente: expor o óbvio enquanto se evita o difícil; pecar na "exposição" sem dar a devida atenção aos detalhes exegéticos (questões textuais, lexicografia, gramática); no outro extremo, expor as nuances de cada preposição ou de cada particípio sem fazer uma exposição adequada do texto; entabular longos debates com outros teólogos sem dialogar com o autor bíblico; expor uma série de versículos sem discutir seu contexto histórico e literário de forma apropriada.

Quando aceitei o convite para escrever um comentário sobre as Epístolas Pastorais para o *Good News Commentary* [Comentários boas novas] (Harper & Row, relançada como *New International Biblical Commentary* [Novo comentário bíblico internacional] pela Hendrickson), sabia que as limitações da série não me dariam espaço suficiente para discutir detalhes nem para dialogar, de forma adequada, com outros teólogos. Como um amigo observou: "Gostei das suas conclusões, mas teria sido proveitoso ver como você chegou a elas". Entretanto, há espaço para comentários desse tipo, especialmente entre os leigos (sempre esperando, claro, que os pastores tenham considerado a exposição útil aos seus propósitos).

Além disso, o convite (que partiu de mim, nesse caso) para substituir o comentário um tanto desatualizado de Grosheide sobre 1Coríntios na série *New International Commentary on the New Testament* [Novo comentário internacional do Novo Testamento] deu-me a oportunidade que eu queria. Felizmente para mim, tanto o editor-geral (F. F. Bruce) como o editor da Eerdmans (Milton Essenburg) permitiram pequenas mudanças no formato da obra, de modo que pude atender à maioria de meus interesses pessoais. E a tarefa de escrever o comentário das Epístolas Pastorais e o de 1Coríntios representou, para mim, um salto quântico na utilização de um software de texto. O comentário das Epístolas Pastorais foi escrito à mão e passou por quatro longas fases de digitação, preparação de originais, revisão e revisão de provas; já o de 1Coríntios foi enviado tanto em cópia impressa (1.800 páginas de texto datilografado) como em disquete, e seguiu diretamente da preparação de originais para a revisão de provas.

Perdi um bom tempo no início tentando decidir qual era a melhor versão para usar como base de meus comentários. A decisão editorial de substituir os livros da série permitiu-me abandonar a ASV (*American Standart Version*), tradução bíblica utilizada nos primeiros volumes, e criar uma versão própria ou usar qualquer outra disponível. Eu já havia decidido há um bom tempo que não faria uma tradução, pois creio que o leitor deve ter a vantagem de usar a mesma Bíblia que os outros. Logo, minhas únicas alternativas foram a RSV (*Revised Standart Version*), a NASB (*New American Standart Bible*) e a NIV (*New Internacional Version*). O estilo tradicional da NASB já me forneceria uma excelente base, mas optei pela NIV por entender que seria a tradução mais utilizada pelo público-alvo da série — e também porque fiquei insatisfeito com a tradução da RSV para 1Coríntios 7:25 e da versão da NASB para 1Coríntios 7:26-28 (além do fato de que o professor Bruce já havia utilizado a RSV em seu *The New Century Commentary* [O comentário do novo século]). Quando comecei a trabalhar com o texto, também me senti um pouco incomodado com a NIV, então pedi permissão à editora Zondervan para alterar o texto em várias passagens que julguei exegeticamente impraticáveis ou, em muitos casos, quando a linguagem se mostrava desnecessariamente sexista. Embora prefira a equivalência dinâmica como teoria da tradução, ambos os comentários (o primeiro originalmente escrito com base na GNB — Good News Bible) deram-me razões para pensar melhor. Deparei-me com muitas escolhas exegéticas absolutamente equivocadas para meu gosto, entranhadas no texto como se fossem a única opção do leitor.

Comecei a escrever experimentando vários parágrafos de 1Coríntios 1, até ficar satisfeito em vários aspectos. Em primeiro lugar, fui guiado pelo desejo de oferecer uma exposição do texto cuja leitura fosse agradável e o mais livre possível de jargões técnicos e de outras parafernálias teológicas. As avaliações e cartas que recebo sugerem que fui bem-sucedido nessa tentativa, cujo segredo atribuo à edição de texto. Todas as manhãs, eu produzia uma cópia impressa do trabalho do dia anterior (ou de dias anteriores) e lia tudo em voz alta, até mesmo as notas de rodapé. Toda vez que eu travava em uma frase ou perdia o fôlego, presumia que o leitor também teria dificuldade e, então, reescrevia o texto, até conseguir ler tudo com tranquilidade. Reli também o livro inteiro em voz alta antes de enviá-lo à editora Eerdmans, e nem todos os erros foram corrigidos, mas estou convencido de que esse foi o segredo para a fluência do livro.

Em segundo lugar, minha maior decepção com a maior parte dos comentários é o que acredito ser uma aplicação inadequada dos textos em seu contexto histórico-literário. Eu estava determinado a fazer desse comentário, mais que qualquer outra coisa, o oposto disso — tanto que posso ser facilmente acusado de haver exagerado um pouco. Decidi introduzir cada seção principal mostrando como o texto se relaciona com a situação histórica de Corinto. Depois, seguindo o padrão da série, comento cada parágrafo individualmente, com uma introdução que, nesse caso, tenta cumprir três objetivos: 1) mostrar como o parágrafo se relaciona com o que foi dito até então; 2) explicitar o que ele acrescenta à discussão; e 3) analisar o argumento do parágrafo em si, para que o leitor entenda a lógica de Paulo. Depois disso, tento fazer o mesmo com cada versículo, sempre começando com uma exposição sobre como ele se relaciona com o debate anterior e como se encaixa no argumento do parágrafo, antes de analisar trecho por trecho.

Nesse ponto, a maior dificuldade foi determinar o que pertencia ao corpo do texto e o que deveria constar nas notas de rodapé. Logo surgiu um critério. Algumas coisas pertenciam automaticamente às notas, como as discussões mais técnicas em torno do texto grego (especialmente a crítica textual e a gramática) ou as interações com outros teólogos. Nos demais casos, a decisão era baseada em dois critérios: uma exposição agradável ao leitor e a relevância do assunto para a compreensão do pensamento de Paulo. O intercâmbio de assuntos entre texto e notas de rodapé foi mantido até a conclusão da versão final.

Em terceiro lugar, eu estava preocupado em fazer com que as urgências teológicas de Paulo fossem devidamente ouvidas. Na minha perspectiva, há uma armadilha no horizonte interpretativo de muitos exegetas do Novo Testamento, muito provavelmente relacionada com nosso duplo interesse em sermos pluralistas e em não ofendermos ninguém. Temos sido muito bons analisando o texto tecnicamente, mas evitamos a teologia como quem evita uma praga. É difícil pensar em algo mais injusto que isso com relação a Paulo, uma pessoa extremamente teológica. Então, bem ou mal, meu desejo era que as ênfases teológicas de Paulo, conforme as percebi, recebessem a devida atenção. Se minha percepção sobre o apóstolo está correta, resta aos outros julgarem, mas, sem dúvida, não é possível comentar adequadamente Paulo sem tentar "ouvi-lo", sem levar em consideração o que motiva suas palavras e sua retórica.

Em quarto lugar — travei uma longa e dura batalha aqui —, decidi concluir a discussão sobre cada parágrafo com observações hermenêuticas, tanto para ressaltar sua importância teológica como para mostrar de que forma aplicá-lo. Meu nervosismo aqui não se deu apenas por saber que ninguém faz esse tipo de coisa (os acadêmicos parecem quase ter vergonha de sua crença), mas pelas óbvias armadilhas inerentes a tal tentativa, a saber, o perigo de que tais comentários sejam muito rapidamente confinados a uma época ou tidos como muito paroquiais e locais, bem como a possibilidade de ser excessivamente simplista (algo que foi, de fato, sugerido por um leitor) ou o fato de que eu esteja fazendo pelos outros algo que eles deveriam fazer por conta própria.

No entanto, dois motivos me fizeram tentar. Primeiro: ensinei essa carta por muitos anos em seminários e eventos eclesiásticos, caracterizados por problemas hermenêuticos sempre urgentes, e me pareceu uma questão de honra enfrentar, mais uma vez, esses mesmos problemas em meu comentário. Segundo: pareceu-me estar de acordo com o objetivo da série oferecer não só uma exposição do texto, mas também dar algumas dicas sobre como aplicá-lo ao nosso contexto. Não tenho a ilusão de pensar que tudo está correto ou será útil, mas perdi muitos anos lutando com essas questões de aplicação e me pareceu apropriado oferecer algumas sugestões que podem servir de ponto de partida para que os pastores façam sua reflexão, já que escrevi o comentário principalmente para eles ou elas. E, de fato, esse aspecto teve uma recepção mais positiva do que eu imaginava.

Embora nem todos tenham sido convencidos, espero ter aberto novos caminhos em vários aspectos. Quanto a outros pequenos detalhes, gosto de pensar que resolvi um problema referente à gramática de 1Coríntios 4:6 e 7:7. Também ofereci uma explicação mais elaborada que as oferecidas até então para a equivalência entre "carne" e "natureza pecaminosa"[1] em 5:5 e, até onde eu saiba, fui o único comentarista a resolver 14:34-35 apenas com bases intratextuais. Espero ter feito outras contribuições significativas, ou pelo menos aberto caminho para novas discussões com minha ideia de a carta ser basicamente um conflito entre Paulo e a igreja com relação ao que significa ser "espiritual", sobre a questão histórica subjacente dos capítulos 8—10 e ainda em relação à minha perspectiva de 11:2-16, que entendo ser um retrato da ruptura entre os sexos, e não da subordinação da mulher.

O último texto é um dos muitos dessa carta que levam alguém a pensar duas vezes antes de escrever um comentário, e continua a ser uma das quatro passagens (com 11:19; 12:3; 15:29) cujo significado — estou convencido — ninguém sabe exatamente qual é. O problema em escrever um comentário bíblico, em vez de ministrar um curso, é que, obviamente, no último modelo é possível transitar pelos assuntos de uma forma que o comentário não permite. Minha angústia pessoal vem do fato de que essas passagens são as primeiras a ser lidas, e pelas quais os leitores julgarão todo o restante do conteúdo.

No lado mais pessoal, várias coisas se destacam. Já de início, enfrentei uma longa batalha interna entre escrever um comentário para eruditos ou para a igreja de maneira mais direta (pastores

---

[1] A variação mencionada por Fee ocorre apenas nas versões em inglês, a saber, a NVS utiliza o termo "carne", enquanto a NIV prefere a expressão "natureza pecaminosa". Em português, as versões mais populares atualmente trazem apenas os termos "corpo" ou "carne". (N. da T.)

e estudantes). Dois acontecimentos fizeram com que eu decidisse escrever para a igreja. O primeiro deveu-se ao apoio de um amigo de longa data, Wayne Kraiss, que se tornou presidente do Southern California College vários anos depois que me mudei de lá para Wheaton e depois para Gordon-Conwell. Estávamos em uma conferência para líderes de igreja na Arrowhead Springs, onde falei sobre 1Coríntios. Em um daqueles momentos em que temos de fazer uma transição porque o tempo está acabando, comentei que havia fechado contrato para escrever um comentário sobre essa carta, mas que ainda não tivera um período sabático para fazê-lo. No dia seguinte, Wayne perguntou-me quanto tempo eu levaria para escrevê-lo se pudesse tirar uma licença (minha resposta: um ano acadêmico, incluindo as duas férias de verão). Acontece que havia um fundo especial na faculdade, coordenado e mantido por um comitê do qual ele era presidente. O resultado foi uma oferta de minha antiga instituição para que eu ganhasse um ano de salário, sem absolutamente nenhum custo (não estou acostumado a ver a igreja agindo dessa forma, o que me deu esperanças), em um ano de licença da Gordon-Conwell, pois, como alegou Wayne, "a igreja precisa desse comentário". Verdadeiras ou não, essas palavras me vinham à mente sempre que eu começava a me deixar levar por uma longa e envolvente discussão acadêmica.

O outro acontecimento foi igualmente significativo. Certa manhã de domingo, antes de eu começar a escrever, Bob McManus, um membro de minha igreja local, interrompeu o momento de oração para declarar que se sentia impelido pelo Espírito Santo a orar por mim durante o tempo em que eu estivesse escrevendo o comentário e convidou outras pessoas a se juntar a ele. O resultado foi um grupo de dez pessoas, cada uma tirando um dia da semana para orar por mim, e eu me "reportava" a esse grupo uma vez por mês. Não consigo descrever o quão importante isso foi para mim. Lembro-me de que, em muitos momentos, quando me deixava levar pela erudição, ficava sem inspiração ou simplesmente travava em textos difíceis, a lembrança de que alguns amigos estavam orando por aquele empreendimento fazia com que eu vencesse o impasse e retornasse ao meu propósito.

Jamais poderei expressar minha gratidão e minha dívida para com eles por me lembrarem de maneira muito vívida como funciona o ministério do corpo de Cristo.

Finalmente, preciso mencionar as várias ocasiões em que tive encontros pessoais com o Deus vivo por meio do poder do próprio texto. Sem dúvida, são casos muito pessoais, porém foram gentis lembranças do Espírito Santo de que essa é a Palavra de Deus, e de que a palavra final é dele, e não minha. Tais encontros ocorreram em vários lugares, como, por exemplo, em 1Coríntios 1:18-25; 4:7 e 14:33, apenas para citar alguns dos quais me lembro claramente.

Um dos momentos mais marcantes envolveu 1Coríntios 4:9-13. Enquanto eu comentava as dificuldades listadas por Paulo — que serviram tanto para que ele vivesse seu ministério de acordo com o evangelho do Crucificado como para que pudesse oferecer aos coríntios um modelo de como eles deveriam ser —, fiquei extasiado pela dissonância entre estar sentado confortavelmente para estudar, cercado de livros e munido de meu software de texto, tentando comentar sobre como essas dificuldades eram normas para a vida apostólica de Paulo. Não era uma questão de falsa culpa, mas o sentimento avassalador de que eu e as pessoas ao meu redor deveríamos reavaliar nosso estilo de vida e nossos valores.

Talvez o momento mais significativo para mim tenha vindo com 1Coríntios 13:4. Em primeiro lugar, é preciso que você entenda o temor com que cheguei a esses versículos (13:4-7), uma passagem tão conhecida e tão poderosa que um comentário meu pareceria profano e pedante. No entanto, à medida que refletia sobre o significado das duas primeiras palavras da lista ("sofredor" [versão King James] e "bondoso"), fui imediatamente atingido pela realidade de serem as duas palavras que Paulo usa em outro lugar para descrever o caráter de Deus (os lados passivo e ativo do amor divino). Quando me sentei para ponderar o significado daquilo, fui tomado por uma emoção indescritível, pois percebi não apenas que Deus é assim — eterna e fielmente —, mas também onde eu e aqueles a quem amo estaríamos se ele não fosse dessa forma. E se Deus amasse com o mesmo nível de paciência que tenho com aqueles que pecaram contra mim ou me desapontaram? Foi um daqueles grandes momentos em que escutamos o evangelho e somos renovados na presença de Deus. Também foi uma das experiências mais difíceis de inserir em um comentário bíblico.

Grande parte do processo de escrita consistiu simplesmente de um trabalho árduo de doze horas por dia, seis dias por semana, durante quatorze meses. Mais do que um período sabático — que comecei a apreciar de uma nova forma, como um presente de Deus para nós —, esses momentos de encontro com Deus por meio do texto foram "tempos de refrigério". Só espero que um pouco de meu amor por esse texto e de seu poder tenham transparecido no comentário em si.

CAPÍTULO 3
Sobre ser um cristão trinitariano

Na conclusão da segunda carta canônica de Paulo aos Coríntios, ele assina com o que parece, à princípio, uma típica bênção apostólica: "Que a graça de nosso Senhor Jesus Cristo seja com todos vocês!". Entretanto, nesse caso específico, em suas cartas preservadas, ele elabora essa bênção-padrão ao invocar — além da graça de Cristo — o amor de Deus e a comunhão do Espírito Santo. O resultado é a famosa bênção trinitária que, precisamente por ser muito utilizada, poucas vezes é alvo de reflexão:

> A graça do Senhor Jesus Cristo, o amor de Deus e a comunhão do Espírito Santo sejam com todos vocês (2Coríntios 13:14).

Essa oração paulina em forma de bênção também é minha oração — e meu mais profundo desejo — por todos os que estão se preparando para deixar o Regent College — aulas, amigos, a cafeteria Atrium — e ingressar no mercado através das várias formas de serviço cristão. Meu interesse é que vocês deixem o Regent profundamente comprometidos em viver como verdadeiros cristãos trinitarianos, não só no sentido teológico de estar aptos a afirmar e até mesmo explicar esse mistério tão profundo e a verdade mais maravilhosa de nossa fé, mas também que internalizem, experimentem e vivam sua fé de forma trinitariana, como alguém cuja vida é orientada e, portanto, vivida à luz da experiência do próprio Deus: Deus Pai, Filho e Espírito Santo.

Minha experiência pessoal com esse texto aconteceu há alguns dias, em julho passado. Como muitos de vocês sabem, tenho trabalhado em um livro sobre o Espírito Santo nas cartas de Paulo. Eu estava quase no final de um longo capítulo sobre 2Coríntios. Temo que, de maneira um tanto superficial e, francamente, com um pouco de pressa para concluir as cinco semanas de escrita sobre essa epístola, rascunhei o que pareciam ser as palavras óbvias a serem ditas sobre esse texto e, então, concluí essa parte da tarefa — ou assim pensava.

Então, acordei bem cedo na manhã seguinte. Um ou dois dias antes, Maudine e eu tivéramos uma conversa com uma amiga que enfrentava um sério problema. Por ser ainda muito cedo e pelo fato de que nada em meu computador parecia muito interessante, decidi passar um tempo extra em oração, especificamente por ela. Foi nesse momento que o Espírito uniu as duas realidades — a necessidade de minha amiga e o texto do dia anterior — no que, para mim, foi uma daquelas experiências profundamente edificantes com Deus. Nem preciso dizer que parte considerável daquele trecho do livro precisou ser reescrita.

Essa bênção paulina é tão conhecida que é fácil perder alguns detalhes importantes. Um deles é que Paulo complementa sua bênção final — algo que não faz em nenhum outro lugar, nem nas cartas mais antigas nem nas recentes, e (outro detalhe) o faz utilizando uma fórmula trinitária, que aparece aqui de forma pressuposicional — não como a defesa de um argumento, mas como a realidade básica, assumida e experimentada da vida cristã. Na verdade, trata-se de uma elaboração praticamente *ad hoc*, que não fazia parte da tradição litúrgica da igreja existente até então, o que podemos deduzir graças ao terceiro detalhe importante: a ordem — Cristo, Deus e Espírito Santo, que só pode ser explicada quando partimos do pressuposto de que Paulo começou escrevendo sua bênção tradicional e, então, sentiu-se motivado a adicionar algumas palavras sobre o Pai e o Espírito.

O pensamento que me veio naquela manhã, obviamente aprimorado por meses de trabalho com tantos textos a respeito do Espírito em Paulo, é que essa bênção é o momento teológico mais profundo do *corpus* paulino, de duas formas:

Em primeiro lugar, resume o que está presente em todas as prioridades de Paulo: o evangelho, com ênfase na salvação de Cristo, que, pela fé, está igualmente disponível tanto a gentios como a judeus. O evangelho é a paixão singular de Paulo e tem a ver com salvação — não apenas a salvação do pecado, no sentido fundamentalista clássico, mas no sentido bíblico e mais profundo dos propósitos de Deus, que começam com a Criação e serão consumados com a vinda de Cristo, ou seja, com a criação de um povo para seu nome, que viverá uma relação próxima com ele, à sua semelhança, a fim de glorificá-lo. Esse texto em forma de oração reúne, portanto, o que é declarado em várias outras passagens (por exemplo, Romanos 5:1-11; Gálatas 4:4-6; Efésios 1:3-14), nas quais somos informados de que Deus decidiu criar um povo segundo seu nome e, por amor, tomou a iniciativa de tornar realidade esse fato. A "graça de nosso Senhor Jesus Cristo" é a expressão concreta desse amor; por meio do sofrimento e da morte de Cristo por aqueles a quem ama, Deus consumou a salvação em um ponto específico da história humana. A "comunhão do Espírito Santo" expressa a contínua apropriação desse amor e dessa graça na vida do cristão e da comunidade de fé. Esse texto, portanto, é apenas um dos cerca de vinte ou vinte e cinco textos que tratam diretamente da essência do evangelho de Paulo em linguagem trinitária — nos quais o amor de Deus está por trás da salvação, a morte e a ressurreição de Cristo efetivam essa salvação e o Espírito Santo se apropria dela para a vida do cristão.

Em segundo lugar, esse texto também serve de *entrée* para a teologia paulina propriamente dita, ou seja, como porta de entrada para sua compreensão sobre Deus, tão radicalmente afetada pela dupla realidade da morte e da ressurreição de Cristo e pelo dom do Espírito escatológico. De muitas formas, sou um produto de minha disciplina de estudos sobre o Novo Testamento, que tende a considerar esse texto um tanto embaraçoso. Tanto que cada vez que um de nós fala do entendimento de Paulo acerca de Deus e da relação entre Deus e Cristo, somos rápidos em contestar a ideia — pela integridade de nossa disciplina — de que Paulo não era "trinitariano" no sentido posterior, quando a igreja estava preocupada — e com razão — em entender de que forma o único Deus pode ser três e, ao mesmo tempo, um. Garanto a vocês: Paulo não estava envolvido nessa questão ontológica, ou seja, sobre o ser de Deus em si. Contudo, estou pronto a afirmar que Paulo era totalmente trinitariano, no melhor sentido do termo — ou seja, que Deus é Pai, Filho e Espírito, e que, ao lidar com Cristo e com o Espírito, estamos lidando com Deus tanto quanto com o Deus Pai. Como Karl Barth observa em um ótimo *insight*: "A Trindade é o nome cristão para Deus". E esse entendimento não começa no segundo nem no terceiro século, pois é encontrado de forma ainda mais profunda já no próprio apóstolo Paulo. E defendo que é nessa elaboração, por sua natureza quase improvisada, que encontramos o único ponto de partida legítimo para uma teologia paulina.

Com essas palavras — palavras de oração, devo ressaltar, sempre direcionadas a Deus —, começamos a nos aprofundar um pouco na compreensão paulina de Deus, a saber, que, para ser um cristão, é preciso entender Deus de forma trinitária. A compreensão de Paulo sempre começa com o Antigo Testamento, que é totalmente pressuposicional para ele. Entre as muitas coisas que podem ser ditas sobre Deus no Antigo Testamento, uma delas é que sua relação com seu povo se baseia principalmente no amor que tem por eles (Deuteronômio 7:7-8). Isso é o que diferencia o Deus vivo de todos os outros ídolos que cercam Israel. O que caracteriza esse amor de forma preeminente é sua *hesed* ("aliança de amor"), geralmente traduzida por "misericórdia" na Septuaginta. O que Paulo passou a enxergar foi que a aliança de amor de Deus, tão cheia de compaixão e graça, encontrou uma expressão histórica concreta na morte e na ressurreição de Cristo, uma compreensão cujo desenvolvimento mais poderoso em Paulo é a sua conhecida passagem de Romanos 5:1-5.

Não falamos isso de forma leviana. A evidência concreta do amor de Deus é que o próprio Deus estava presente em Cristo, "reconciliando consigo o mundo" (2Coríntios 5:19), e que esse amor foi derramado "em nossos corações, por meio do Espírito Santo que ele nos concedeu" (Romanos 5:5).

Isso não é tudo, e é aqui que nossa compreensão trinitária de Deus tende a ruir. Por meio do dom de seu Santo Espírito, do Espírito do Deus vivo, Deus se faz presente agora em sua nova criação como uma presença contínua e empoderadora — de modo que o que mais caracteriza o Espírito Santo é a *koinonia*, palavra que significa "participação em" ou "comunhão com". Assim, Deus não apenas nos chama para um relacionamento íntimo e contínuo com ele como o Deus de toda a graça, mas também nos faz usufruir todos os benefícios dessa graça e dessa salvação, enchendo-nos agora com sua presença e garantindo nossa glória escatológica final.

Bem, nada disso é novidade para você. Então, de onde veio meu êxtase naquela manhã de julho? De duas fontes, ambas relacionadas com o Espírito. Primeira: naquela manhã, o Espírito me ajudou a superar a mera factualidade de tudo. Essas realidades teológicas têm-me acompanhado por toda a vida, e muitas vezes me senti intimidado por elas. Naquela manhã, porém, percebi, de alguma forma, quão pouco minha amiga — que também conhece essas realidades e tirou nota 10 em seus exames de Novo Testamento e de Teologia — havia, de fato, internalizado e se apropriado delas como realidades fundamentais de sua vida. Como orei por ela — e oro por você agora — para que conhecesse a graça de nosso Senhor Jesus Cristo, o amor de Deus e a comunhão do Espírito não apenas como verdades cristãs ou meros conceitos que diferenciam nossa fé de todas as outras, mas como as realidades mais profundas e singulares do universo! Oro para que toda a nossa vida seja vivida com base no predicado único de nossa existência — Deus nos ama, nós, que somos pecadores — e que a Semana Santa, a Páscoa e o Pentecostes não sejam apenas comemorações anuais do calendário litúrgico, mas realidades fundamentais da vida humana.

Segunda: ao longo dos meses, todos os tipos de texto sobre o Espírito estavam me impactando, especialmente os de 2Coríntios, como 3:3-18, passagem em que lemos que o Espírito vivificador cumpre a Antiga Aliança — da maneira mais extraordinária possível. Na condição de quem teve o véu removido do coração e da face, nós, pelo Espírito, não apenas contemplamos a glória de Deus, vista na face do próprio Jesus, como também, pelo Espírito, somos transformados à sua semelhança — de uma medida de glória a outra. Esses textos tocaram minha alma. Aqui está a comunhão definitiva do Espírito Santo: pelo Espírito, somos colocados face a face com o Deus vivo; pelo Espírito, somos transformados à sua semelhança.

O que ficou claro — e eu entendi como uma realidade naquela manhã — é que eu e todos os cristãos como eu devemos deixar, de uma vez por todas, de ver o Espírito de forma impessoal — como se o Espírito fosse uma "coisa", uma influência enviada por Deus, mas aquém de Deus, do próprio Deus. Pois o significado da expressão "comunhão do Espírito Santo", como se pode ver, não se refere tanto à comunhão cristã criada pelo Espírito Santo, por mais verdadeira e profunda que seja essa realidade. Não, *koinonia* diz respeito a compartilhar, a participar de algo. O Espírito é o dom divino da Nova Aliança, e é por meio dele que a promessa de uma presença permanente e poderosa de Deus na vida de seu povo está sendo cumprida.

Comecei, então, a refletir sobre minha origem pentecostal e em como "despersonalizamos" o Espírito — não em nossa teologia propriamente, mas na forma de conceber e falar do Espírito. Nosso discurso é o que nos trai. Despersonalizamos o Espírito e o transformamos em uma experiência empoderadora. Em seguida, comecei a refletir sobre minha longa caminhada nos círculos evangelicais — onde o Espírito é guardado em segurança no credo e na liturgia. Ele até que é pessoal: não estaríamos sendo ortodoxos se pensássemos diferente. Mas, para muitos, é apenas a presença poderosa de Deus. Nossas representações são bíblicas, mas também impessoais. Ele é vento, fogo ou água, e vem até nós como uma influência ou coisa do tipo, mas não é aquele em quem e por quem compartilhamos o amor, a graça e a vida do próprio Deus. E não estou falando em sentido místico. Nosso problema é que a linguagem do Pai e do Filho evoca imagens pessoais, mas o Espírito evoca o intangível, quase irreal, pois não possui corpo. A oração de Paulo, por sua vez, é que conheçam a graça de Cristo, a expressão histórica visível do amor de Deus, porque, como pessoas do Espírito, elas vivem em constante e poderosa comunhão com o próprio Deus. É dessa forma que o Deus amoroso e o gracioso Senhor Jesus Cristo estão presentes conosco agora.

A presença empoderadora de Deus: é isso que "comunhão do Espírito Santo" quer dizer. A presença empoderadora de Deus: o Espírito é a forma com que Deus vem até nós na presente era para estar conosco, para nos habitar — coletiva e individualmente —, para estar em comunhão conosco e para nos capacitar para a vida presente, enquanto esperamos pela consumação. Por meio do Espírito, nossa vida é invadida pelo Deus vivo. O próprio Deus está presente em nós e entre nós. Esse também é um tema do Antigo Testamento, que, para Paulo, encontra seu cumprimento em Cristo e no Espírito.

O tema começa em Gênesis, no Jardim. O primeiro resultado da Queda foi que o homem e a mulher "se esconderam da presença de Deus". A presença de Deus é a chave para nossa compreensão do livro de Êxodo e dos impressionantes acontecimentos no Sinai. Deus estava presente no monte, primeiro na sarça ardente, que não se consumia, depois em grandes e extraordinárias demonstrações de poder, para que Israel não pudesse aproximar-se. Moisés, porém, foi levado ao monte para estar na presença de Deus. Ali, recebeu não apenas o Livro da Aliança, mas também as instruções para a construção do Tabernáculo, para que a presença de Deus pudesse deixar o monte, por assim dizer, e acompanhasse Israel. A presença de Deus entre eles era o que diferenciava o povo de Deus de todos os demais. Mas, entre a entrega das instruções sobre o Tabernáculo e sua construção, há um acontecimento desastroso: Israel comendo e festejando na presença de um bezerro de ouro. O ponto principal dos capítulos

32—34 é a prontidão de Deus para eliminá-los e começar de novo. "Conduza esse povo", Deus diz a Moisés, "minha presença não irá com eles". "Não", protesta Moisés. "Se não fores conosco, não nos envies. Como se saberá que eu e o teu povo podemos contar com o teu favor, se não nos acompanhares? Que mais poderá distinguir a mim e a teu povo de todos os demais povos da face da terra?" E Deus cede ao seu pedido e se revela a Moisés com as incríveis palavras de Êxodo 34:6-7: "Senhor, Senhor, Deus compassivo e misericordioso, paciente, cheio de amor e fidelidade, que mantém o seu amor a milhares e perdoa a maldade, a rebelião e o pecado. Contudo, não deixa de punir o culpado". Depois, Êxodo encerra com a construção do Tabernáculo e a descida da glória de Deus — a evidência de sua presença entre eles.

Posteriormente, no Templo de Salomão, onde Êxodo 40 é repetido, a glória de Deus desce outra vez — agora, Deus está presente com Israel no templo do monte Sião. Mas há um contínuo fracasso em Israel; então, o profeta Jeremias finalmente profetiza que um dia Deus fará uma nova aliança com seu povo, em que a Torá estará escrita no coração deles, e mais adiante Ezequiel fala disso com relação ao Espírito. "Farei um Espírito entrar em vocês", o Senhor diz por meio de Ezequiel, "porei um espírito em vocês, e vocês terão vida", diz ele aos ossos secos. "Profetize ao espírito", diz Deus a Ezequiel, "profetize". "Profetizei", conta Ezequiel, "conforme a ordem recebida, e o espírito entrou neles; eles receberam vida e se puseram de pé. Era um exército enorme!" [Ezequiel 37:10].

É isso o que Paulo entende por dom escatológico do Espírito. O Espírito da promessa, como ele chama (*i.e.*, o Espírito Santo prometido), o dom da presença poderosa de Deus. Portanto, ele adverte os coríntios, primeiro coletivamente, depois individualmente: "Vocês não sabem que são o santuário de Deus e que o Espírito de Deus habita em vocês?" [1Coríntios 3:16] "Acaso não sabem", exorta ele com relação aos pecados sexuais deles, "que o corpo de vocês é santuário do Espírito que habita em vocês" [1Coríntios 6:19]? E, novamente, em 2Coríntios, àqueles que ainda estão flertando com a idolatria, ele rebate utilizando seu rico imaginário: "Que acordo há entre o templo de Deus e os ídolos? Pois somos santuário do Deus vivo. Como disse Deus: 'Habitarei com eles e entre eles andarei; serei o seu Deus, e eles serão o meu povo [...] e lhes serei Pai, e vocês serão meus filhos e minhas filhas', diz o Senhor Todo-poderoso" [6:16,18].

"Amados, visto que temos essas promessas", conclui Paulo, "purifiquemo-nos de tudo o que contamina o corpo e o espírito, aperfeiçoando a santidade no temor de Deus" [2Coríntios 7:1]. Nós, individual e coletivamente, somos o lugar no qual a presença de Deus está — pelo seu Espírito. O próprio Deus, na pessoa do Espírito, nos habita para que estejamos em comunhão com ele e para vida e serviço, pois estamos sendo continuamente transformados à semelhança de Deus pelo Espírito que habita em nós.

Por fim, o Espírito não é apenas o próprio Deus presente em nós como cumprimento de suas promessas; é também uma presença empoderadora, que nos capacita não apenas para os dons que edificam o corpo enquanto adoramos em sua presença e para os sinais e maravilhas que são parte dessa edificação, mas também para o sacerdócio e o serviço no mundo e — especialmente em Paulo — para vivermos e nos gloriarmos em nossa esperança no Senhor Jesus Cristo, mesmo em meio ou — deixe-me dizer isso do jeito paulino — *especialmente* em meio às adversidades. A graça de Cristo é suficiente para nós em meio ao sofrimento, pois nos conforma à sua morte mesmo quando conhecemos o poder de sua ressurreição — e tudo isso porque somos herdeiros de Deus pela nova aliança, como resultado de seu infinito amor demonstrado pela graça de nosso Senhor Jesus Cristo e efetuado pela comunhão do Espírito Santo.

Portanto, oro por vocês fervorosamente, meus queridos amigos formandos, com muito amor e esperança — inicialmente, com a oração de Paulo ao concluir seu argumento em Romanos:

> Que o Deus da esperança os encha de toda alegria e paz, por sua confiança nele, para que vocês transbordem de esperança, pelo poder do Espírito Santo (15:15).

E, por fim, com as palavras do texto desta noite:

A graça do Senhor Jesus Cristo, o amor de Deus e a comunhão do Espírito Santo sejam com todos vocês. Amém (2Coríntios 13:14).

CAPÍTULO 4
Algumas reflexões sobre a espiritualidade paulina

Para mim, é um privilégio dedicar estas reflexões ao meu querido amigo Jim Houston, cuja vida e cujos ensinamentos têm sido um constante lembrete para todos nós de que discipulado significa amar a Deus com todo o nosso ser, e não apenas com a mente, como em geral acontece entre os teólogos acadêmicos. O assunto destas reflexões também me toca muito, já que sou um paulinista que crê que o apóstolo, nesse aspecto, tem sido mal representado na igreja. Paulo é visto e estudado, basicamente, como um teólogo ou como um evangelista missionário, o que, sem dúvida, são partes do todo. No entanto, qualquer leitura mais cuidadosa de suas cartas revela que a espiritualidade é algo crucial para sua vida em Cristo e também é a maior prioridade de seu ministério. No entanto, uma declaração assim tão ousada certamente precisa ser justificada, e esse é o objetivo das reflexões a seguir.

UMA OBSERVAÇÃO LINGUÍSTICA

Parte da falha em reconhecer o papel central da espiritualidade em Paulo resulta, pelo menos em parte, do uso que fazemos do termo "espiritual" para traduzir o adjetivo πνευματικός nas cartas paulinas.¹ Essa tradução, em caixa-baixa, tende a ocultar o fato de que, para Paulo, πνευματικός é primeiramente um adjetivo para o Espírito Santo, para o que pertence ou é do Espírito.²

Na verdade, quase todas as apreensões não paulinas do termo "espiritual" podem ser atribuídas a uma tradução inadequada para nosso idioma. Assim, "espiritual" tem sido entendido como algo religioso (em oposição ao que é secular ou mundano),³ imaterial/ não corporal,⁴

---

[1] Ainda mais injustificável é a tradução da NIV para 1Coríntios, "ele fala mistérios com o seu espírito" (quando Paulo claramente quer dizer "ele fala mistérios pelo Espírito") ou de 2Timóteo 1:7 na RSV e na NIV, "porque Deus não nos deu espírito de covardia, mas de poder, de amor e de equilíbrio" (quando o contexto pede algo como a tradução oferecida pela GNB: "Porque o Espírito que Deus nos deu não nos torna medrosos, pelo contrário, o Espírito nos enche de poder e de amor e nos torna prudentes"). (N. da T.: É importante ressaltar que este artigo foi lançado primeiramente em 1992, por isso alguns equívocos apontados por Fee em cada uma dessas versões bíblicas já foram corrigidos em revisões posteriores, principalmente os da NIV.)

[2] A palavra é quase exclusivamente paulina no Novo Testamento, ocorrendo vinte e quatro ou vinte e seis vezes em suas cartas, quinze delas apenas em 1Coríntios. O advérbio πνευματικῶς, que ocorre em 1Coríntios 2:14, também se refere ao Espírito e significa "discernidas por meio do Espírito" (cf. Gordon D. Fee, *The First Epistle to the Corinthians* [Grand Rapids: Eerdmans, 1987], p. 116-7 [ed. brasileira: *1Coríntios: comentário exegético* (São Paulo: Vida Nova, 2019)].

[3] O mais próximo que Paulo chega desse conceito é em Romanos 15:27 e 1Coríntios 9:11, em que fala da reciprocidade entre o serviço, ou ministério, cristão e o recebimento de bens materiais. Ele descreve o primeiro como "compartilhar/semear τά πνευματικά [coisas espirituais]", porém, mesmo aqui, essa escolha de palavras não tem relação com "espiritual" e "material", e sim com "as coisas do Espírito" e o suporte material.

[4] Esse significado é comumente atribuído ao "corpo espiritual" mencionado em 1Coríntios 15:44-46. Entretanto, o contraste em questão não é entre material e imaterial, mas entre dois *corpos*: um que pertence à existência terrena, chamado ψυχικόν (= natural, dessa presente realidade), e outro que pertence à esfera celestial, ao reino do Espírito. Continua sendo um "corpo", mas é um corpo adequado à existência celestial. Talvez a melhor tradução seja "sobrenatural" (em oposição a "natural") ou "celestial" (em oposição a "terreno"). Embora não seja não corporal, ainda assim é um corpo.

místico,⁵ que pertence à vida interior do cristão,⁶ ou, no pior dos casos, elitista (um cristão espiritual em oposição a um imaturo ou carnal).⁷ Mas, na realidade, nenhum desses significados pode ser encontrado na literatura grega⁸ ou em Paulo. Para Paulo, o termo "espiritual" sempre faz alguma referência ao Espírito de Deus. Por exemplo, em Romanos 1:11 ele quer comunicar um "dom espiritual" (= "dom do Espírito"); em Colossenses 1:9, ele ora para que sejam cheios "do pleno conhecimento da vontade de Deus, com toda sabedoria e entendimento" (= "sabedoria e entendimento do Espírito"); em Colossenses 3:16/Efésios 5:19, os "hinos e cânticos espirituais" são cânticos inspirados pelo Espírito, e as "bênçãos espirituais" de Efésios 1:3 são "bênçãos que decorrem de uma vida no Espírito".

Ainda mais significativas são as passagens em que Paulo se refere aos crentes como πνευματικόι, claramente querendo dizer "pessoas do Espírito". A passagem paulina crucial para entender isso é 1Coríntios

---

⁵ Esse significado é atribuído à famosa questão sobre o "alimento e a bebida espiritual", mencionados em 1Coríntios 10:3-4. Mas o uso que Paulo faz dessas expressões aqui foi provocado por um problema específico de Corinto, pois eles não apenas se sentiam "espirituais" (de uma forma quase triunfalista, que vai de encontro a Paulo e suas fraquezas), como também seguros por causa dos sacramentos, que eles, aparentemente, tomaram como evidência de sua "espiritualidade" superior. Então, Paulo os adverte: os israelitas tinham seu alimento e sua bebida "espirituais", mas isso não adiantou para a maioria deles, pois Deus não se agradou de suas atitudes e os espalhou pelo deserto. Portanto, mesmo aqui — de forma indireta, é claro —, o adjetivo se refere ao Espírito.

⁶ Teoricamente, é um significado possível para essa palavra, já que Paulo usa πνεῦμα algumas vezes para se referir à expressão interior da personalidade humana (cf. Romanos 8:16, "o próprio Espírito testemunha ao nosso espírito"; 2Coríntios 2:13, "não tive sossego em meu espírito"). Mas, na verdade, em nenhuma dessas vinte e quatro ocorrências, πνευματικός é utilizado para se referir ao que pertence ou é do espírito humano.

⁷ Esse uso é resultado tanto de más traduções como de exegeses infelizes de 1Coríntios 2:6—3:1. Veja a discussão a seguir.

⁸ O mais próximo que chegamos disso é em uma passagem um pouco obscura de Fílon (Rev. Div. Her. 2.4.2); pouco depois de Paulo, Plutarco parece usá-la para se referir ao lado imaterial da existência humana, porém mesmo essa passagem é alvo de discussão.

2:6—3:1, que tem uma infeliz história de má interpretação na igreja.⁹ Nesse contexto, o objetivo de Paulo é claro. Ele está no meio de uma discussão com os coríntios, que valorizam muito a "sabedoria", algo que eles aparentemente consideram seu dom especial do Espírito; mas que, na verdade, estava envolta pelas conotações dessa palavra no mundo grego. Paulo fala contra a "sabedoria" deles em 1Coríntios 1:18—2:5 e adverte que a verdadeira sabedoria, a sabedoria de Deus, está em radical contradição com a deste mundo, pois assumiu a forma de Messias crucificado, o que é loucura para a sabedoria meramente humana.

Em 1Coríntios 2:6-16, ironizando aqueles que se consideram muito πνευματικόι ("espirituais"), Paulo argumenta que, ao trocarem a cruz pela "sabedoria", eles se juntaram ao mundo, cuja sabedoria "crucificou o Senhor da glória"! O que ele demonstra, da maneira mais severa possível, é o absoluto contraste entre cristãos e não cristãos, entre aqueles que seguem o caminho da sabedoria de Deus e os que não seguem. A chave para tudo isso é o Espírito que os cristãos — inclusive os coríntios — receberam. É o fato de que a "loucura da cruz" é a sabedoria divina revelada pelo Espírito (v. 10), pois "ninguém conhece as coisas de Deus, a não ser o Espírito de Deus", que o revelou a nós (v. 11). Ao receber o Espírito, continua ele no versículo 12, não recebemos aquilo que nos faz pensar como o restante do mundo, mas o Espírito que procede do próprio Deus, cuja presença nos faz compreender as coisas que ele nos tem concedido gratuitamente. Portanto, as coisas sobre as quais falamos (Jesus Cristo crucificado; cf. v. 2) não nos foram ensinadas pela sabedoria humana, mas pelo Espírito. Significa que falamos de "coisas espirituais" (*i.e.*, "as coisas que Deus nos tem dado gratuitamente", v. 12) e de "formas espirituais" (*i.e.*, "com palavras ensinadas pelo Espírito").¹⁰

---

⁹ Veja a nota 7, acima. Quase todo tipo de cristandade elitista, ou *deeper-life*, encontra justificativa para sua perspectiva nessa passagem, mas ignora totalmente a intenção de Paulo.

¹⁰ Para entender o significado deste complexo versículo, cf. Gordon D. Fee, *1 Corinthians*, p. 114-5 [ed. brasileira: *1Coríntios: comentário exegético* (São Paulo: Vida Nova, 2019)].

Ao contrário de nós, que, pelo Espírito, entendemos o que Deus fez na cruz, continua Paulo no versículo 14, existem os ψυχικός (pessoas carnais, que não possuem o Espírito de Deus). Essas pessoas não recebem as coisas do Espírito de Deus — e, de fato, não podem conhecê-las — justamente porque estas só podem ser discernidas de forma "espiritual" (ou seja, por meio do Espírito). Já quem é espiritual (a pessoa do Espírito) discerne todas essas coisas (v. 15) porque, pelo Espírito, recebeu a mente de Cristo (v. 16).

Além disso, continua Paulo em 1Coríntios 3:1-4 ainda cheio de ironia, embora eles se reconhecessem — e, de fato, fossem — como pessoas do Espírito, seu entendimento e seu comportamento eram como os das pessoas não espirituais, por isso o apóstolo teve de tratá-los de acordo com isso — como crianças. Visto que há inveja e divisão entre eles, questiona Paulo, acaso não estariam sendo carnais e agindo como mundanos, ou seja, como pessoas que não têm o Espírito? Obviamente, o objetivo de Paulo é dizer: "Parem com isso". Meu ponto é que, para Paulo, o que diferencia cristãos de não cristãos é o Espírito, pura e simplesmente. O povo de Deus tem o Espírito, por isso são pessoas "espirituais" (= pessoas do Espírito), enquanto os outros não são, nem podem ser, "espirituais" (para Paulo), em nenhum sentido da palavra, porque não têm a única coisa necessária para viver uma vida "espiritual": o Espírito do Deus vivo.

Paulo usa πνευματικόι de forma semelhante em Gálatas 6:1. Em uma longa argumentação (5:13—6:10) a favor de que as pessoas do Espírito se comportem de maneira diferente daquelas que estão sob a vontade da carne ou debaixo da Lei, Paulo admite que até mesmo os espirituais podem ser "surpreendidos em algum pecado" (6:1). Portanto, o restante da comunidade de fé, que é espiritual, deve restaurá-los com a mansidão/brandura que lhes é concedida pelo Espírito.[11] Citei tudo

---

[11] Não "com espírito de mansidão" (RSV) nem "com mansidão" (NIV). O substantivo "mansidão" é citado sozinho no versículo 23 como fruto do Espírito; portanto, não é "com espírito de", mas "concedida pelo Espírito".

isso para dizer, enfim, que, para Paulo, a "espiritualidade" nada mais é que a vida no Espírito, tema ao qual nos dedicaremos de modo a oferecer um breve panorama. Depois, finalmente, veremos o que isso significava para a própria vida "espiritual" de Paulo no sentido mais comum da palavra, em referência à sua vida de oração e de devoção.

VIDA NO ESPÍRITO

Qualquer leitura atenta das cartas de Paulo deixa claro que o Espírito é o elemento-chave, o *sine qua non* de toda a vida e a experiência cristãs. Em termos teológicos, é importante notar que, ao contrário do protestantismo histórico, a "justificação pela fé" não é o tema central da teologia paulina.[12] Trata-se apenas de uma metáfora entre muitas outras e, portanto, de uma visão muito limitada para captar toda a esplendorosa riqueza da salvação escatológica de Deus consumada em Cristo. Para Paulo, o tema "salvação em Cristo" domina tudo, do começo ao fim. E, para ele, "salvação em Cristo" é uma atividade do Deus triúno. Deus Pai, o sujeito dos verbos de salvação, preordenou e iniciou a salvação para seu povo; Deus Filho, por meio de sua morte na cruz, consumou-a e realizou para esse povo sua adoção, justificação, redenção, santificação, reconciliação e propiciação, para mencionar apenas algumas das metáforas principais. Mas é Deus Espírito Santo quem efetivamente faz com que a salvação de Deus em Cristo seja apropriada pelo cristão e pela comunidade de fé. Sem o último, o primeiro simplesmente não acontece.

Assim, Gálatas 4:4-6 diz que, no momento historicamente propício, Deus enviou seu Filho para nos redimir, para que pudéssemos

---

[12] Na verdade, esse tema é encontrado em apenas três cartas de Paulo (Gálatas, Romanos e Filipenses) e sempre em contextos em que ele combate a imposição da "lei" judaica, na forma de circuncisão, aos gentios convertidos. Não digo isso para diminuir a metáfora, mas para ressaltar que se trata apenas de uma entre muitas maneiras de descrever a decadência humana (escravidão do pecado e, portanto, "redenção"; sob a ira de Deus e, portanto, "propiciação"; alienados de Deus e, portanto, "reconciliação" etc.).

receber, de forma plena, os direitos de filiação; e, como "filiação" era o que ele tinha em mente, enviou o Espírito de seu Filho ao nosso coração, que clama "Aba, Pai" para Deus. Da mesma forma, Tito 3:5-7 explica: por pura misericórdia, Deus nos salvou, por seu lavar regenerador e renovador do Espírito Santo — que ele derramou sobre nós por meio de Cristo — justificando-nos pela graça de Cristo. E por aí vai, em todas as cartas. O ato salvífico de Cristo tornou-se uma realidade experimentada, por meio do dom do Espírito de Deus, da própria presença de Deus na vida humana. Sem o Espírito Santo, não podemos fazer parte do povo de Deus.

Tanto é assim — ou seja, que a conversão cristã consiste em experimentar a presença do próprio Deus por meio de seu Espírito — que, ao escrever aos gálatas, Paulo apela para essa realidade singular como evidência concreta de que eles não precisavam render-se ao judaísmo (Gálatas 3:2-5).[13] Ele quer saber uma coisa deles (v. 2): se receberam o Espírito pela "prática da Lei" ou pela "fé naquilo que ouviram". E agora, que conseguiu chamar a atenção de seus leitores, ele pergunta se, depois de terem começado pelo Espírito, querem acabar pela "carne" (= circuncisão). "Vocês experimentaram[14] tantas coisas em vão?", pergunta ele (v. 4). Finalmente, no versículo 5, Paulo apela para a atual experiência do

---

[13] A questão principal em Gálatas não é a justificação pela fé (*i.e.*, os requisitos para a iniciação), mas se os gentios que já foram justificados pela fé em Cristo e possuem o Espírito também devem submeter-se ao marcador cultural judaico (descrito em Gênesis 17:1-14). Para argumentos sob essa perspectiva, veja T. David Gordon, "The problem in Galatia", *Interpretation*, n. 4 (1987); J. D. Dunn, "The theology of Galatians", *Society of Biblical Literature Seminar Papers* (Atlanta: Scholars Press, 1988), p. 1-16.

[14] As versões em inglês geralmente traduzem ἐπάθετε por "sofreram" nessa passagem (mas veja NEB, NRSV e Weymouth) por razões legitimamente linguísticas, pois esse é o único significado para esse verbo encontrado em qualquer outra carta de Paulo. Mas, na verdade, o significado imediato desse verbo em grego é simplesmente "experimentar". Portanto, já que 1) não há nenhum indício de "sofrimento" dos gálatas nessa carta e 2) o contexto parece pedir o significado comum do verbo aqui, essa deve ter sido a intenção de Paulo. Ele está apelando para quanto eles já experimentaram da presença e da atividade do Espírito no meio deles.

Espírito: "Aquele que lhes dá o Espírito e opera milagres entre vocês, realiza essas coisas pela prática da lei ou pela fé com a qual receberam a palavra?".[15] O Espírito é a chave absoluta para tudo e a principal evidência de que a justificação vem pela fé, não pelas obras da Lei.

Não apenas isso, mas toda a vida cristã em andamento, tanto individual como coletiva, deve ser vivida conforme o Espírito. Portanto, o imperativo principal para Paulo é: "Vivam pelo Espírito" (Gálatas 5:16); o povo de Deus é "guiado pelo Espírito" (v. 18); sua vida ética é descrita como consequência do fruto do Espírito (v. 22-23); e, como agora vivem pelo Espírito, em face da crucificação da carne, devem também andar pelo Espírito (v. 25); eles devem semear e colher pelo Espírito (6:8).

Portanto, isto é o que "espiritual" significa na perspectiva de Paulo: para ser uma pessoa espiritual, é preciso ter a vida cheia do poder do Espírito e viver pelo poder do Espírito.

O ESPÍRITO E A VIDA "ESPIRITUAL"

No entanto, se o que descrevemos acima é basicamente o que Paulo entendia por "espiritualidade", é preciso acrescentar que, para ele, tal Espiritualidade também era continuamente "espiritual", no sentido mais comum da palavra para nós, ou seja, de uma vida de oração e devoção. E esse aspecto da vida no Espírito recebe pouca atenção na teologia protestante tradicional, que tende a entender Paulo tão somente como um pensador ou motivador, em vez de um adorador e apaixonado seguidor de Deus.[16]

---

[15] Imagine como esse argumento se encaixaria nas igrejas cristãs contemporâneas!

[16] O problema — para nós, é claro — é que o que chamamos "espiritualidade" não é algo que Paulo expressa. Suas cartas são *ad hoc* demais, muito destinadas à correção ou à instrução, para que ele fale de sua própria piedade. O que sabemos chega até nós de forma incidental, geralmente em passagens que revelam algo de sua vida pessoal em algum momento. Mas esses momentos acontecem e como raramente são o ponto principal de alguma coisa (e, portanto, não podem ser vistos como distorcidos por qualquer

É discutível, claro, se Paulo se enxergaria de acordo com nossas descrições ou se ele se encaixaria em nossas dicotomias. O evangelho de Cristo, que era a verdadeira paixão de sua vida, não era uma abstração sobre a qual se deveria refletir, mas uma realidade a ser proclamada, experimentada e vivida enquanto esperamos a consumação da volta de nosso Senhor. E deveria ser vivida perante Deus e uns pelos outros.

Mediante Cristo e o Espírito, Deus passou a ser entendido como Pai, e seu povo como irmãos e irmãs em sua família divina, herdeiros de sua glória, pois são coerdeiros com seu Filho eterno. Por isso, todas as principais metáforas de Paulo para a igreja (família, templo, corpo) evocam imagens da mais perfeita união entre os crentes e seu Senhor e também uns com os outros. Essa é a "participação no Espírito" (ou "comunhão do Espírito"), pela qual ele ora em 2Coríntios 13:13 e apela em Filipenses 2:1. Quando Paulo não podia estar pessoalmente com a congregação, ele entendia que estaria presente com eles em Espírito, pelo poder e pela presença do Senhor Jesus (1Coríntios 5:3-5; cf. Colossenses 2:5), quando se reunissem e lessem sua carta.[17]

Tal união no Espírito entre aquele que crê e seu Senhor, e dentro da comunidade, conduz naturalmente a uma vida de constante oração. Por isso, o apóstolo não apenas ora repetidas vezes por seus irmãos e irmãs em Cristo em suas cartas, mas também registra tal oração enquanto, com frequência, convida seus leitores a orar por ele e por outras pessoas. Meu interesse por essa dimensão da vida no Espírito de Paulo, entretanto, não se restringe ao fato de ele orar continuamente, mas à natureza e à forma dessa oração,

---

prioridade), temos de levá-los ainda mais a sério, como momentos que refletem a vida real do apóstolo e a forma como ele próprio vivia no Espírito.

[17] Sobre a relação desse texto com a presença real de Paulo pelo Espírito, não apenas "com ele em mente", veja Fee, *1 Corinthians*, p. 204-206 [ed. brasileira: *1Coríntios: comentário exegético* (São Paulo: Vida Nova, 2019)].

porque me parece que temos aqui um contato com o verdadeiro Paulo de uma forma que é rara na teologia bíblica convencional, e perde muito por isso.

Oração como alegria, ação de graças, súplica

Em uma série de exortações conclusivas em sua primeira carta, Paulo conclama os tessalonicenses: "Alegrem-se sempre. Orem continuamente. Deem graças em todas as circunstâncias" (1Tessalonicenses 5:16-18), pois essa, acrescenta ele, é a vontade de Deus para os que vivem a vida de Cristo em Tessalônica. Paulo muito provavelmente não está falando de alegria e ação de graças em geral, mas incentivando o povo a viver a vida no Espírito como uma vida de oração. E, para ele, a oração naturalmente tomará a forma de alegria, adoração, ação de graças e também de prece.

O próprio Paulo era tão bom quanto seu imperativo. Alguns meses antes de escrever essa carta, ele e Silas fizeram exatamente isso em uma prisão local de Filipos ("estavam orando e cantando hinos a Deus" [Atos 16:25] — nesse caso, alto o suficiente para que toda a prisão pudesse ouvir). E, um pouco antes da exortação, nessa mesma carta (1Tessalonicenses), Paulo fala assim do retorno de Timóteo: "Como podemos ser suficientemente gratos a Deus por vocês, por toda a alegria que temos diante dele por causa de vocês? Noite e dia com perseverança oramos para que possamos vê-los pessoalmente..." (1Tessalonicenses 3:9-10). Cerca de vinte anos depois, Paulo faz essa mesma observação em sua carta aos Filipenses: "*Agradeço* ao meu Deus toda vez que me lembro de vocês. Em todas as minhas orações em favor de vocês, *sempre oro com alegria* por causa da cooperação que vocês têm dado ao evangelho" (1:3-5).

Orar de forma incessante era o que marcava a vida do apóstolo, mas essa oração não era apenas uma prece por suas congregações. Antes de tudo, a oração por eles significava lembrar-se deles, algo que era motivo de alegria e ação de graças para Paulo. Por isso, ele começa quase todas as suas cartas "agradecendo a Deus por [todos] vocês" — até mesmo pelos cristãos de Corinto, muitos dos quais ficaram contra ele, e também pelos filipenses e tessalonicenses, que o apóstolo definiu como sua alegria e coroa. Ação de graças tem a ver com pessoas, não com coisas ou acontecimentos; e a razão pela qual ele pode agradecer a Deus por eles é precisamente porque são o povo de Deus, não de Paulo.

Dois aspectos dessas contínuas atitudes de ação de graças e da vida de Paulo no Espírito merecem uma reflexão teológica mais aprofundada:

Primeiro, uma vida marcada por contínuas celebrações de ação de graças — principalmente em oração, mas também a outros por sua generosidade — é um dos sinais de saúde espiritual (= uma vida no Espírito sadia). Reflete uma vida que evidencia a única postura correta perante Deus, a humildade,[18] uma vida consciente da misericórdia divina, de viver no lado mais benéfico da vida. A genuína ação de graças é fruto de um coração grato que experienciou verdadeiramente o que Paulo pergunta aos coríntios de forma retórica: "O que vocês têm que não tenham recebido?". Podemos enxergar isso de forma axiomática — a diminuição dos atos de ação de graças na vida de alguém é, invariavelmente, acompanhada pelo aumento da autoconfiança e da autossuficiência. A gratidão é evidência de viver debaixo da graça. Portanto, o triunfalismo está fora, porque a vida no Espírito pressupõe viver em oração, quando se assume a postura de humildade perante Deus e se manifesta com ação de graças.

Segundo, as atitudes de ação de graças de Paulo são mais voltadas para pessoas, não para coisas ou acontecimentos, o que também é evidência de saúde espiritual. Aqui está a chave para relacionamentos

---

[18] Em algumas vertentes do movimento carismático, o texto de 1Tessalonicenses 5:18 tem sido utilizado de uma forma que soa quase arrogante; o louvor contínuo é visto como um meio de conseguir ainda mais de Deus, como se ele pudesse ser manipulado por nossa "adoração" e "gratidão".

genuinamente sólidos dentro da comunidade de fé: reconhecer os outros como presentes que pertencem, em primeiro lugar, a Deus, não importa quão irritantes alguns desses presentes possam ser para nós. Agradecer a Deus por seu povo não o impede de corrigi-los ou desafiá-los, e Paulo continuará fazendo isso. Mas tal agradecimento oferece a possibilidade de reduzir nossa autovalorização nas relações com os outros. Aqui, mais uma vez, Paulo apresenta um tipo de espiritualidade que poderíamos muito bem imitar. Por considerar que lutava pela verdade do evangelho — e que seu apostolado estava relacionado com o evangelho —, Paulo tinha a incrível capacidade de não se levar muito a sério (Filipenses 1:12-26 oferece uma evidência maravilhosa disso). Quando alguém vive como uma pessoa verdadeiramente livre perante Deus, as outras têm pouco ou nenhum controle sobre a sua vida. E é exatamente essa liberdade que permite que Paulo sempre dê graças a Deus pelos outros, que são seus coerdeiros em Cristo (sejam eles seus discípulos ou não, como no caso de Colossos).

Uma vez que a oração começa como lembrança, evocando alegria e ação de graças no Espírito, Paulo não pode deixar de também interceder a Deus por eles. O que chama a atenção é o conteúdo dessas preces, que tendem a assumir duas expressões: uma preocupação com seu crescimento no Senhor e uma preocupação com o crescimento do evangelho. A última preocupação, que às vezes inclui um pedido de livramento do perigo, é sempre a mais importante quando ele pede que *eles* orem a seu favor.[19] Mas a oração *por eles* é sempre para que se tornem pessoas cada vez mais espirituais, para que cresçam na graça. Portanto, em Colossenses 1:9-11, Paulo ora para que seus destinatários tenham mais sabedoria e entendimento do Espírito, para que possam viver de maneira digna de Cristo e agradá-lo. Então, menciona quatro princípios que definem tal vida: frutificar em toda

---

[19] Não é possível encontrar esse contexto em 1Tessalonicenses 5:25, mas veja 2Tessalonicenses 3:1-2 e Filipenses 1:19.

boa obra, crescer no conhecimento de Deus (*i.e.*, conhecer cada vez mais seu caráter), ser fortalecido com todo o poder do Espírito para ter perseverança e paciência, e alegremente dar graças ao Pai, que nos tornou dignos de participar da herança dos santos. Seria possível orar de maneira mais significativa que essa?

Portanto, a oração como alegria, ação de graças e súplica marcou a espiritualidade de Paulo (sua vida no Espírito em termos de devoção pessoal), e era o que ele aconselhava às suas congregações e orava por isso. Paulo era um adorador *antes* de um incentivador ou um pensador.

Oração no Espírito

Um último ponto central sobre oração e Espírito deve ser observado: o que Paulo chama de "orar no Espírito". Essa é uma área sensível da espiritualidade paulina que deve ser encarada tanto por biblistas do Novo Testamento como pela igreja em geral, em vez de evitada graças a gerações de inquietação e preconceito teológico.

Em Efésios 6:18, uma passagem caracterizada por um contexto de batalha espiritual ("nossa luta não é contra pessoas, mas contra os poderes e autoridades" etc.), Paulo conclama a congregação a "orar no Espírito". Já que essa é a mesma linguagem que ele utiliza para se referir aos próprios hábitos de oração em 1Coríntios 14:13-16, podemos inferir que, ao usar essa expressão, pelo menos uma das formas que essa oração pode assumir é a de oração "em línguas". A argumentação em 1Coríntios 14:1-19 dá evidências claras de que orar no Espírito, em línguas, ocupa um lugar significativo na vida de oração do próprio Paulo. Quatro textos são cruciais para entendermos essa dimensão da espiritualidade paulina, e três deles estão presentes em 1Coríntios 14.

1) 1Coríntios 14:2. O que fica claro desde o início — e ao longo de todo o texto — é que Paulo está tentando conter a prática (aparentemente supervalorizada entre os coríntios) de orar em línguas sem

a interpretação para o restante da comunidade.[20] O foco da reflexão, como os versículos 18-19 deixam claro, é o que acontece na *comunidade* durante o culto; e, para Paulo, a inteligibilidade é a chave para a edificação quando a igreja se reúne. Por isso ele consegue falar tantas coisas boas sobre as "línguas", ao mesmo tempo que tenta refreá-las na comunidade — caso não haja interpretação. Portanto, na busca por reprimir essa atividade, ele toma o cuidado de, com isso, não anular a espiritualidade pessoal, precisamente porque as línguas desempenham um papel importante na vida espiritual do próprio apóstolo.

A primeira menção às "línguas" nessa passagem (14:2) é positiva, mas também põe em perspectiva o que ele quer falar sobre o assunto. Aqui aprendemos duas coisas sobre a compreensão de Paulo em relação a esse fenômeno. Em primeiro lugar, a pessoa que "fala em línguas" não fala a pessoas, mas a Deus. Ou seja, esse "discurso" é, obviamente, um discurso de oração. Isso é confirmado pelo uso explícito do verbo "orar" com "em línguas" no versículo 14 e também pela implicação no versículo 28, no qual ele permite que o crente "fale consigo mesmo [= privadamente] e com Deus".

Em segundo lugar, tal discurso a Deus não é entendido pela "mente" de quem ora. Ao contrário, "ninguém o entende, mas em Espírito fala mistérios". Para muitos no Ocidente, é claro, isso depõe contra Paulo — e contra outros que assim falam com Deus —, pois só o que passa pelo córtex cerebral tem valor na era do Iluminismo. Tal "Iluminismo", contudo, é simplesmente uma forma de racionalismo, em que só se vê valor no "racional" (= o que está relacionado com os processos do pensamento) e quase nenhuma importância é dada ao não racional (na verdade, isso, em geral, é entendido como irracional).

No entanto, nem Paulo nem a igreja primitiva eram influenciados pela mentalidade racionalista; portanto, ele via muito valor na oração

---

[20] Nesse caso, ele provavelmente também está tentando conter sua expressão um pouco desordenada, em especial se, como 14:23 sugere e 14:27 deixa a entender, muitos deles estavam falando em línguas ao mesmo tempo.

que vem do coração, de dentro, mas que não precisa necessariamente da aprovação da mente para ser apresentada perante Deus. Assim, no versículo 4, Paulo insiste que tal oração é edificante para quem a profere.

2) 1Coríntios 14:14-17. Nessa passagem, aprendemos ainda mais sobre a oração no Espírito. Ao orar e cantar "com o meu espírito", Paulo certamente quer dizer que o Espírito Santo ora por meio de seu espírito.[21] Tanto o contexto quanto a linguagem explícita do versículo 14 indicam que "orar em línguas" é o que ele tem em vista. Outras duas questões merecem destaque.

Primeira, Paulo insiste em que fará ambas as coisas, ou seja, orará e cantará tanto com o entendimento como no Espírito, quando seu próprio entendimento não se mostrar "frutífero". Seja como for, portanto, "orar no Espírito" não é a forma de oração mais importante nem a única que Paulo fará, mas certamente constitui uma parte do todo para ele. O que ele desaprova é que tal oração seja feita nas reuniões sem interpretação, porque isso edifica apenas o emissor, e não as outras pessoas.

Segunda, os versículos 16-17 indicam que tal oração pode ser uma "ação de graças", o que, como já vimos, é um elemento fundamental para a compreensão de Paulo sobre a oração.

3) 1Coríntios 14:18-19. Eis um texto infelizmente muito mal utilizado, que, na verdade, levanta a cortina para que possamos descobrir um pouco sobre a vida pessoal de oração de Paulo. Uma afirmação genuinamente prejudicial e que deve ser deixada de lado é a ideia de que Paulo está "condenando as línguas" aqui. É irrelevante comprovar se ele, de fato, orava em línguas mais que todos eles. O que realmente importa é Paulo fazer tal afirmação a uma comunidade que supervalorizava esse dom como evidência de sua "espiritualidade celestial". Se ele não conseguisse justificar essa afirmação, todo o seu argumento cairia por terra. Provavelmente, para *sua* surpresa, ele tem o apoio

---

[21] Daí vem minha sugestão de tradução: "meu E/espírito ora". Veja *1 Corinthians*, p. 669-70 [ed. brasileira: *1Coríntios: comentário exegético* (São Paulo: Vida Nova, 2019)].

deles quanto a "orar consigo mesmo" (= de forma privada, v. 28), mas não na congregação. Na igreja, ele só orará com "sua mente", pois crê que a adoração congregacional, independentemente da forma que assuma (*i.e.*, para Deus ou pelos outros), deve ser inteligível, a fim de que toda a comunidade seja edificada. Caso contrário, por que nos reunimos? Por que não apenas orar e cantar em privado, sem expressão pública de adoração coletiva? Portanto, essa passagem diz que Paulo faz distinção entre a oração pública e a privada, e que, em suas orações privadas, ele orava no Espírito mais que todos eles.

4) Romanos 8:26-27. Esse é outro texto muito discutido, em especial quando se refere ou não ao "falar em línguas".[22] Contra tal ideia, temos de apontar alguns fatos: a) Paulo não fala explicitamente sobre "línguas"; b) a expressão στεναγμοῖς ἀλαλήτοις, "com gemidos inexprimíveis" quer dizer "sem palavras" ou "não expressos".

Em contrapartida, os paralelos com 1Coríntios 14 são igualmente impressionantes: a) em 1Coríntios 14:2 e 14-16, o Espírito ora (nesse caso, intercede) por meio do fiel; b) o cristão que ora pelo Espírito não precisa necessariamente entender o que o Espírito está dizendo. Apesar da expressão στεναγμοῖς ἀλαλήτοις, é difícil imaginar que essa passagem esteja afirmando que não há articulação na oração; assim, Paulo provavelmente não quer dizer que as palavras "nem mesmo podem ser ditas", mas que, embora sejam ditas, são inarticuladas, no sentido de que não podem ser compreendidas por quem as fala.

Em todo caso, mesmo que não esteja se referindo diretamente às línguas, essa é outra passagem que aparece em um ponto crucial do argumento para evidenciar um tipo de oração no Espírito que não é "orar com a mente".

Juntos, esses textos indicam que a "espiritualidade" paulina incluía, de forma integral, orações inspiradas pelo Espírito e pronunciadas

---

[22] Veja a hipótese levantada por Käsemann em sua abordagem desse texto como se referindo diretamente ao mesmo fenômeno glossolálico de 1Coríntios 14. Para visões que diferem da que sugerimos aqui, veja os Comentários de Cranfield, Morris e Dunn.

pelo Espírito, e isso abrangia tanto a adoração/ação de graças a Deus como a prece (presumivelmente, a favor de terceiros, bem como para si). Essa não é a única forma de oração para Paulo, mas compõe parte significativa do que ela significava para ele. Tudo isso é mais uma indicação de que, para Paulo, a "espiritualidade", mesmo no sentido que comumente conhecemos, era, acima de tudo, *"Espírito-alidade".*

UM PÓS-ESCRITO CONCLUSIVO

Por causa da forma como este capítulo foi escrito, pode parecer que minha intenção foi forçar as "línguas" como parte necessária da espiritualidade bíblica. Mas não é o caso. O que, de fato, pretendo é incentivar, em primeiro lugar, a reflexão. Meu interesse principal é o próprio Paulo. Como alguém que viveu com o apóstolo por meio de suas cartas por muitos anos, estou convencido de que sua vida espiritual, por mais oculta que nos pareça, é tão significativa para nossa compreensão desse homem e de sua teologia quanto sua "teologia" em si e seu ministério como apóstolo dos gentios.

Nesta seção final, contudo, peço que paremos de olhar para Paulo pelas lentes de nossa cultura condicionada pelo Iluminismo e deixemos que ele seja quem realmente é: um cristão do primeiro século. Para mim, parece claro que Paulo não pode ser compreendido sem levarmos em consideração o papel central que o Espírito desempenhava em sua vida espiritual, em seu ministério e na vida de suas comunidades. Enxergar sua *"Espírito-alidade"* dessa forma não só nos ajuda a enxergar a espiritualidade bíblica de maneira um pouco mais precisa, como também, espero, nos auxilia a escutar Paulo com mais atenção — e até mesmo de forma um pouco diferente — enquanto tentamos ouvi-lo teologicamente.

Creio que estas reflexões, mesmo que não se concorde com todas elas, estão em consonância com a preocupação de meu amado irmão em Cristo a quem as dediquei.

CAPÍTULO 5
A visão neotestamentária sobre riqueza e posses

Historicamente, a igreja tem lutado repetidas vezes por sua existência como um povo peregrino que vive em uma sociedade estrangeira e temporal. Isso se aplica de forma especial à nossa atitude perante os bens e as riquezas materiais. Nos dois primeiros séculos da era cristã, essa questão era relativamente fácil. Os cristãos, em geral, iam de encontro à cultura nesse quesito. A luta começou de fato quando o imperador adotou a fé. O movimento monástico foi resultado direto disso. A história subsequente foi marcada por idas e vindas de aceitação e rejeição. De tempos em tempos, a comodidade trouxe culpa e levou alguns a desenvolver uma espécie de teologia da rejeição, enquanto outros desenvolveram uma teologia para justificar sua aceitação.

Essa disputa histórica ainda é uma realidade no cristianismo dos Estados Unidos. Nos últimos anos, a situação econômica melhorou em larga escala para muitos norte-americanos, o que produziu uma tensão considerável entre um grande número de cristãos — especialmente com relação ao mandamento bíblico de cuidar dos pobres e ao fato de que 1,5 bilhão de pessoas estão desnutridas no mundo de hoje. A maioria dos cristãos norte-americanos abastados acomodou-se facilmente a um estilo de vida confortável, sem pensar muito no assunto. Alguns sentem a extrema disparidade entre sua situação abastada e o modesto nazareno, cuja humanidade perfeita é vista como modelo para nós, ao optar por uma vida mais simples. Outros passaram a defender a ideia de que a prosperidade financeira é o propósito de Deus — a perfeita vontade dele para seus filhos.

Minha intenção neste capítulo não é resolver essas tensões para o indivíduo cristão da sociedade norte-americana moderna. Em vez disso, espero indicar o que o Novo Testamento ensina sobre as posses e os bens materiais, a fim de proporcionar um panorama bíblico de referência para discussões e tomadas de decisão.

Qualquer um que tenha um conhecimento superficial do Novo Testamento reconhece que a fé cristã está decididamente ao lado dos "pobres", e que os "ricos" são criticados com frequência. Por isso, Jesus disse: "Bem-aventurados vocês, os pobres"; e "Ai de vocês, os ricos" (Lucas 6:20,24). Suas credenciais messiânicas são comprovadas pelo fato de que "as boas-novas são pregadas aos pobres" (Mateus 11:5, veja Lucas 4:18), enquanto aos ricos ele diz: "É mais fácil passar um camelo pelo fundo de uma agulha do que um rico entrar no reino de Deus" (Marcos 10:25). Na parábola do semeador, ele adverte sobre "o engano das riquezas e os anseios por outras coisas" que sufocam a Palavra de Deus (Marcos 4:19), enquanto, em outra passagem, ele afirma que não se pode servir a Deus e ao dinheiro — pois ambos são senhores exclusivos (Mateus 6:24).

Tal atitude perante a riqueza é refletida profundamente em Tiago e Paulo, para não falar do Apocalipse de João (18:16: "Ai! Ai daquela grande cidade, que estava vestida de linho fino, de púrpura, de escarlate, adornada com ouro e pedras preciosas e pérolas! Porque numa hora foram assoladas tantas riquezas"). Tiago critica a igreja por mostrar favoritismo pelos ricos (2:1-7) e, especialmente em 5:1-6, condena os ricos por oprimirem os pobres ("Ouçam agora vocês, ricos! Chorem e lamentem-se, tendo em vista a miséria que lhes sobrevirá"). E Paulo adverte que serão julgados por Deus os ricos que participam da "festa do ágape" e da ceia do Senhor sem se importar com os pobres (1Coríntios 11:17-34). Em outra passagem, ele alerta os que querem ficar ricos dizendo que tais pessoas "caem em tentação, em armadilhas e em muitos desejos descontrolados e nocivos, que levam os homens a mergulharem na ruína e na destruição" (1Timóteo 6:6-10).

À luz desses textos, não há dúvida de que os cristãos abastados se sintam culpados às vezes, como se a riqueza ou ser rico fossem um mal em si. Mas não é o caso. Como veremos, o que se critica é o abuso ou o acúmulo de riquezas, enquanto outros vivenciam necessidades.

É possível argumentar — como alguns têm feito — que esses textos pouco refletem sobre a sociologia dos primeiros cristãos, cujo fundador foi um modesto carpinteiro que tinha, entre seus primeiros seguidores, um grupo em que "poucos eram sábios segundo os padrões humanos; poucos eram poderosos; poucos eram de nobre nascimento" (1Coríntios 1:26), e alguns tiveram até mesmo suas terras confiscadas (Hebreus 10:34). Portanto, abençoar os pobres e condenar os ricos era simplesmente sua forma de lidar com esse problema de forma positiva.

Mas tal leitura sociológica do Novo Testamento é uma forma equivocada de entender a profunda motivação teológica da ética neotestamentária, que, por sua vez, derivava da revelação veterotestamentária de Deus como defensor da causa dos pobres.

É importante notar que o termo "pobres", tanto no Novo como — de forma especial — no Antigo Testamento, não se refere simplesmente àqueles que se encontram em situação de pobreza econômica. Os "pobres" são os incapazes, os desprivilegiados, aqueles cuja situação os força a serem dependentes da ajuda dos outros. Isso inclui especialmente o órfão e a viúva, assim como os estrangeiros e até mesmo o levita. Por esse motivo, a lei veterotestamentária está cheia de estatutos que protegem essas pessoas do engrandecimento dos poderosos, que, obviamente, são pessoas detentoras de poder e riqueza.

Curiosamente, o Antigo Testamento tem sido muito utilizado como "balança" para o Novo com relação à prosperidade e às riquezas pessoais. Pois aqui, de fato, podemos encontrar com facilidade a prosperidade (em especial, terras e filhos) como evidência da bênção divina (veja Deuteronômio 28:12; Salmos 112:1-3; 128:1-4), tanto que *sir* Francis Bacon escreveu: "Prosperidade é a bênção do Antigo Testamento; adversidade é a bênção do Novo".

No entanto, o que se ignora é o fato de que esses textos estão invariavelmente ligados aos conceitos de bondade e justiça de Deus. Só quem é justo (*i.e.*, alguém que anda de acordo com a lei divina) recebe a promessa de ser abençoado com fartura e com família. Ser justo, no entanto, significa, acima de tudo, estar atento — ou seja, defender — à causa dos pobres e oprimidos.

Tal questão está tão presente no Antigo Testamento que pode ser encontrada em todos os seus estratos e expressões: Lei, Narrativa, Poesia, Sabedoria, Profetas.

Por isso, no chamado Livro da Aliança (Êxodo 21—23), bem no meio das leis sobre seduzir uma virgem, fazer sexo com animais, praticar magia e sacrificar a deuses estrangeiros, é dito que Israel não deve destratar ou oprimir um estrangeiro (22:21), nem tirar vantagem de uma viúva ou de um órfão (22:22). Caso contrário, são avisados, "com grande ira matarei vocês à espada; suas mulheres ficarão viúvas, e seus filhos, órfãos" (22:24). No mesmo contexto, é ordenado que se empreste aos pobres sem interesse e que o manto dado como garantia seja devolvido até o pôr do sol, pois "eu sou misericordioso". Em Êxodo 23:10-11, o ano sabático é instituído expressamente para os pobres, assim como o ano de jubileu, em Levítico 25 e 27.

Esse mesmo cuidado pelos desafortunados está presente em Deuteronômio (10:17-19; 15:1-4,7-11; 24:14-22; 27:19) e no salmista, que exalta a Deus por se importar com os pobres e vir em seu socorro (9:8-9,12,18; 10:9-14,17-18; 12:5; 22:24-26; 35:10; 68:5-6,10). No salmo 72, uma excelente passagem messiânica, o salmista clama para que o "filho do Rei", que está acima de todos, "julgue com retidão e com justiça os teus que sofrem opressão" (v. 2) e que "defenda ele os oprimidos entre o povo e liberte os filhos dos pobres" (v. 4; cf. v. 12-14).

Justamente porque Deus é assim e porque seu Ungido *será* assim (veja Isaías 11:4; 42:1-4; 61:1), é requerido que seu povo — principalmente os que detêm algum poder —também defenda a causa dos pobres. Por isso, só depois de Acabe matar Nabote e roubar sua vinha, pronunciou-se o julgamento final de Deus sobre ele (1Reis 21). E boa parte da defesa de Jó sobre sua retidão envolve o fato de que ele cuidava dos pobres (29:11-17; 31:16-23).

Tudo isso chega ao ápice nos profetas, cuja repetida condenação a Israel contém três elementos principais: idolatria, imoralidade sexual e injustiça contra os pobres (veja Êxodo 22:21-27, acima). É porque eles "vendem por prata o justo, e por um par de sandálias o pobre" (Amós 2:6-7), e porque "estão transformando o direito em amargura e atirando a justiça ao chão" e "impedem que se faça justiça ao pobre nos tribunais" (5:7,12), que Deus condena Israel (veja Isaías 1:17,23; 3:15; 5:8,23; 58:1-12; Miqueias 2:1-2,8-9; 3:1-4,11; 6:8-12; Zacarias 7:8-14; e muitos outros).

A justiça no Antigo Testamento, portanto, exige um tratamento justo aos pobres. É assim que Deus é, essa é a justiça que ele exige. Não é que os pobres tenham de receber privilégios ou ser tratados de forma diferenciada, mas devem receber tratamento justo — e misericórdia. Quando os poderosos e ricos controlam os juízes, os pobres têm apenas Deus para defender sua causa. Portanto, não é surpresa o fato de que, em passagens messiânicas, as necessidades dos pobres recebam uma atenção divina especial.

É nesse contexto de "cumprimento" que devemos olhar para o ministério de Jesus. Porém existe ainda uma dimensão a ser adicionada: com ele, vem o reino de Deus. Isso significava para Jesus — e para os primeiros cristãos — que, com sua pessoa e seu ministério na era messiânica, a "bem-aventurança" do futuro havia surgido na história humana. Assim, Jesus é o começo do fim, a inauguração do reinado final de Deus. Por isso ele chega com boas-novas para os pobres, o que, para Jesus, significava não apenas um tempo de justiça para os economicamente desafortunados, os vulneráveis, mas também um tempo de graciosa aceitação e perdão para os pecadores.

Exatamente porque a nova era chegou com ele, a derrubada da velha ordem, com seus antigos valores e injustiças, havia começado. Uma vez que o reino de Deus chegou, as pessoas estavam livres da tirania do autogoverno e da necessidade de "seguir em frente". Não se pode servir a Deus e a Mamom. Como Deus nos aceita e nos protege, não precisamos continuar ansiosos por coisas materiais (Mateus 6:24-34). E, pelo fato de Deus nos aceitar e proteger dessa forma, estamos livres para vender nossas posses e dar aos necessitados (Lucas 12:32-34), amar os inimigos e emprestar a eles sem esperar nada em troca (Lucas 6:32-36). Na verdade, o apóstolo João dirá posteriormente que, se alguém tem bens materiais e não se preocupa com os pobres, tal pessoa não sabe nada sobre o amor de Deus (1João 3:17-18; veja 4:19-21).

É a partir desse duplo panorama — a revelação de Deus como aquele que traz justiça aos pobres e a inauguração do reinado de Deus no ministério de Jesus — que devemos olhar para os textos neotestamentários sobre dinheiro e posses. A pobreza *per se* não está sendo glorificada nem condenada. Na nova era, outra ordem está sendo inaugurada, com uma nova forma de olhar para as coisas e um novo sistema de valores.

Está claro que Jesus vê as posses na antiga era como possuidoras, não como possuídas. Posses tendem a tiranizar ou conduzir a uma falsa sensação de segurança. Por isso, algumas de suas palavras mais contundentes seguem essa direção. "Ai de vocês, que agora têm fartura", diz ele (Lucas 6:24-26), não que haja mal na riqueza, mas porque "já receberam sua consolação". Eles se veem como pessoas que "não precisam de nada", nem mesmo de Deus. Como ricos tolos, querem mais e mais, pois pensam que a vida consiste em ter uma infinidade de posses, mas quem é assim "não é rico para com Deus" (Lucas 12:13-21).

"Quão difícil é para um rico entrar no reino de Deus", diz Jesus. De fato, é mais fácil um camelo passar pelo buraco de uma agulha. Jesus quer dizer que só por milagre o rico será salvo, porque ele se sente seguro com seus bens.

Mas também está claro que Jesus não tinha um olhar ascético com relação à propriedade. Ele não tinha "onde repousar a cabeça" (Lucas 9:58), mas ele e seus discípulos eram sustentados por mulheres abastadas (Lucas 8:3b); e Pedro possuía uma casa em Cafarnaum, para onde Jesus se dirigiu. Ao refletir sobre o quarto mandamento, ele diz que os pais devem ser sustentados pelos bens dos filhos (Marcos 7:9-13). Ao exigir que emprestassem dinheiro sem esperar nada em troca, ele pressupunha dinheiro. Jesus frequentava banquetes de ricos e de pobres. Não foi exigido de Zaqueu que ele renunciasse a todos os seus bens; o fato de ele fazer reparações com juros foi evidência de sua salvação.

Tudo isso é verdade, porque as riquezas e posses não tinham valor algum para Jesus. Na nova era, elas simplesmente não importam. O padrão é a suficiência, e o exagero é questionado. Quem possui duas túnicas deve dividir com quem não tem nenhuma (Lucas 3:11); as "posses" devem ser vendidas e dadas aos pobres (Lucas 12:33). Na verdade, na nova era a *riqueza não compartilhada* é contrária ao reino vindouro, que chega com boas-novas para os pobres. Portanto, como diz Martin Hengel de forma eloquente:

> Jesus não tinha interesse em nenhuma das novas teorias sobre a riqueza ser certa ou errada, sobre a origem da pobreza ou uma melhor distribuição de renda; ao contrário, ele adotou, com relação aos bens, a mesma atitude escandalosamente livre e desimpedida com que lidava com os poderes de Estado, com o reinado estrangeiro do Império Romano e com as confederações judaicas. A iminência do reino de Deus rouba todo o poder *de facto* dessas coisas, pois nele "muitos primeiros serão últimos, e os últimos serão primeiros" (Marcos 10:31; Mateus 19:30, 20:16; Lucas 13:30). Por isso, Jesus ataca Mamom com extrema severidade onde ele capturou o coração dos homens, pois isso lhe confere um caráter demoníaco que faz com que os olhos dos homens se fechem para a vontade de Deus, ou seja, para a necessidade do próximo. Mamom é adorado toda vez que o ser humano anseia por riquezas, fica preso às riquezas, continua aumentando suas posses e quer dominar por causa delas.[1]

---

[1] Martin Hengel, *Property and riches in the early church* (Minneapolis: Fortress, 1974), p. 30.

Podemos encontrar um reflexo dessa atitude da nova era nos primeiros capítulos de Atos. A igreja primitiva *não* era comunal, e sim uma nova comunidade — o novo povo de Deus. Por isso, ninguém considerava que algo de sua posse lhe pertencia de fato. A vinda do Espírito, que marcou o início dessa nova ordem, libertou-os da necessidade de possuir. Consequentemente, havia suficiência, e ninguém passava por necessidade.

Essa mesma atitude despreocupada com relação às riquezas e posses também está presente em Paulo. Ele é um homem livre em Cristo, um homem que sabe contentar-se em qualquer circunstância. Ele conhece tanto a necessidade como a provisão, tanto a fome como a fartura. Ele "pode todas as coisas" — o que, nesse contexto, claramente se refere a estar em necessidade! — no Cristo que o fortalece (Filipenses 4:10-13).

Por isso, ele diz aos que nada possuem que estejam contentes por terem comida e vestes, pois "os que *querem ficar ricos* caem em tentação, em armadilhas e em muitos desejos descontrolados e nocivos" (1Timóteo 6:6-10). Mas ele também se lembra dos que *já são ricos* e os aconselha a tratar sua riqueza com indiferença: não devem depositar sua esperança nela. Ao contrário, devem ser "generosos e prontos para repartir", pois essa é a verdadeira riqueza (1Timóteo 6:17-19).

Parece-me que esse é o panorama bíblico dentro do qual o cristianismo norte-americano deve, mais uma vez, começar a se mover e existir. Para muitos de nós, isso significa adotar um estilo mais simples de vida — não como lei, mas como gratidão pela graça. Para outros, isso também significa coragem para resistir ao paganismo de nossa cultura materialista e para doar tempo e dinheiro a "causas impopulares", como a reforma prisional e a pobreza mundial. Programas como Bread for the World, John Perkin's Voice of Calvary, Catholic Worker Movement e Charles Colson's Prison Fellowship estão abrindo caminho nesse sentido. O chamado de Deus para nós é que retornemos a uma fé bíblica e à obediência radical ao nosso Senhor Jesus Cristo. Isso não requer pobreza, mas exige que sejamos justos, o que, nesse contexto, significa usar nossa riqueza não para manipular os outros, mas para aliviar o sofrimento e a dor dos oprimidos.

CAPÍTULO 6
Questões de gênero: reflexões sobre a perspectiva do apóstolo Paulo[1]

A missão que me foi confiada nesta palestra não é fácil, pois grande parte da controvérsia envolvendo questões de gênero no meio evangélico tem relação com os textos paulinos. É claro que muitos problemas foram criados por nós mesmos; podemos citar uma legião de exemplos de exegeses pobres e de hermenêuticas seletivas.[2] Nossa tendência de colocar assuntos díspares (homem/mulher; maridos/esposas; ministérios/estruturas) em um mesmo pacote e homogeneizá-los também deve ser questionada.

No entanto, alguns problemas claramente derivam do próprio Paulo e da natureza *ad hoc* de suas cartas. Sem sentir a necessidade de sistematizar seu pensamento, Paulo fala de várias situações de diferentes maneiras. Tomemos como exemplo o conselho que ele, em determinado momento, dá às viúvas em 1Coríntios 7 e 1Timóteo 5, quando as desencoraja a casar novamente (1Coríntios 7:40), enquanto, em outra passagem, praticamente ordena que façam isso

---

[1] A "palestra" original não foi escrita nem baseada em notas. Nessa versão "por escrito", mantive boa parte do estilo de apresentação oral (embora tenha removido os coloquialismos) e adicionei algumas notas para referências mais aprofundadas.

[2] Não estou sugerindo que eu esteja livre de tais erros, porém uma rápida olhada na literatura revela quanto da exegese deriva do que a pessoa já esperava encontrar antes de chegar ao texto.

(1Timóteo 5:14).³ Portanto, o que está em questão para nós, hermeneuticamente, é como lidar com algumas dessas diferenças presentes em Paulo.

Talvez a pior coisa que a tradição evangélica tenha feito com relação às questões de gênero seja isolá-las do restante da teologia bíblica. De fato, acredito que estamos condenados a conviver com esse problema se não começarmos pelo mesmo lugar de Paulo: não com declarações isoladas sobre problemas específicos, mas pela teologia paulina da *nova criação*, pela chegada do reinado escatológico de Deus inaugurado por Cristo — especialmente por meio de sua morte e ressurreição — e pelo dom do Espírito.

PAULO E A NOVA CRIAÇÃO

Dois textos em particular servem como um bom ponto de partida. O primeiro é 2Coríntios 5:14-17, em que Paulo debate com os coríntios que estão questionando seu evangelho do Messias crucificado e seu apostolado cruciforme. Ele responde que a nova criação que chegou com a morte e a ressurreição de Cristo anula a forma como enxergávamos as coisas na antiga era (do grego *kata sarka*, "segundo a carne"). A morte de Cristo significa que toda a raça humana está sob sentença de morte (v. 14). Assim, aqueles que vivem (na nova ordem de Deus) agora vivem por aquele que morreu por eles e ressuscitou (v. 15). O resultado é que, prossegue Paulo, desse ponto em diante, enxergar Cristo ou qualquer outra pessoa/coisa "segundo a carne" já não é mais válido (v. 16). Por quê? Porque estar em Cristo significa pertencer à nova criação: "As coisas antigas já passaram; eis que surgiram coisas novas!" (v. 17). Não é preciso ler muitos textos

---

³ A tradução da NIV — "aconselho" — é muito branda para essa passagem. O verbo que Paulo utiliza — "eu quero" — é o mesmo utilizado em 1Timóteo 2:8 para se referir a homens e mulheres de oração, e está claro nessa passagem que "quero" encerra toda a autoridade de uma ordem apostólica.

paulinos para reconhecer que essa perspectiva radical da nova ordem — de uma vida marcada pela cruz — está na essência de tudo o que ele pensa e faz.

Isso nos leva ao segundo texto: Gálatas 3:26-29. Essa passagem oferece a primeira de duas conclusões[4] ao argumento bíblico-teológico de Gálatas 2:16—4:7, em que Paulo se mostra convencido de que os gentios não precisam sujeitar-se a antigos marcadores culturais para pertencer ao povo da nova aliança de Deus. Os três principais marcadores eram a circuncisão, as leis alimentares e a guarda de dias especiais. Embora cada um deles seja mencionado em algum ponto de Gálatas,[5] o foco está na circuncisão, porque seus oponentes sempre a mencionavam como necessária para que os gentios pudessem ser incluídos no povo de Deus (Gênesis 17:1-14).

Para rebater esse argumento e fazer com que seus gentios convertidos não precisassem se render à antiga aliança, Paulo apela, em primeiro lugar, à sua experiência do Espírito (Gálatas 3:1-5) e depois às Escrituras para falar sobre Cristo (3:6-22). Em sua primeira conclusão, o objetivo de Paulo é singular: que a antiga ordem deu lugar à nova — prometida por Deus antes mesmo da aliança da circuncisão. A antiga ordem, que ajudou a distinguir Israel dos gentios, era orientada pela Lei — a legislação da antiga aliança, que, como Paulo deixa claro, foi feita para pecadores e e tinha a Queda do ser humano como pressuposto. O jeito que Paulo

---

[4] A segunda é Gálatas 4:1-7, que retorna aos temas de "filiação"/escravidão sob o imaginário do aio de Gálatas 3:24-25 ("tutor", na NIV; era o escravo instruído que ficava responsável pela educação das crianças) e da vida no Espírito de 3:1-5, fechando, assim, o argumento de 3:1.

[5] Uma ilustração de Pedro (para não mencionar Barnabé) negando o acordo de Jerusalém sobre a manutenção das leis alimentares (Gálatas 2:11-14) é o que dá início ao restante dos argumentos da carta; a questão dos "dias" é denunciada em Gálatas 4:8-10 como uma volta à escravidão. Os mesmos três "marcadores culturais/símbolos de identidade" também compõem o argumento de Romanos. A circuncisão é criticada no capítulo 4, enquanto as leis sobre os dias e os alimentos estão sob escrutínio em Romanos 14:1—15:4.

encontrou de afirmar isso em sua argumentação foi dizer que a Lei serviria para reunir os seres humanos até que o tempo da fé chegasse, com a vinda do Deus Messias (v. 22-24). Tudo isso porque alguns gentios estavam sendo persuadidos de que também deveriam adotar os marcadores de identidade da antiga aliança para agradar a Deus de verdade.

"Não", diz Paulo ao apelar para a nova criação. Contra a antiga escravidão (dos judeus à Lei; dos gentios aos ídolos), ele enfatiza: "*Todos* vocês são *filhos* [não escravos] de Deus mediante a fé em Cristo Jesus" (v. 26), o que é evidenciado pelo "batismo" (v. 27). Todos os que foram batizados em Cristo estão revestidos de Cristo. Por trás dessa afirmação, está a teologia batismal de Romanos 6, cheia de pressuposições escatológicas sobre a "nova criação". A morte e a ressurreição aconteceram em Cristo. Quando descemos às águas batismais, assumimos nosso papel nessa morte e nessa ressurreição e, assim, morremos para as coisas antigas e renascemos para uma nova vida — para a nova aliança.

No versículo 28, Paulo chega à conclusão à qual fomos conduzidos: na nova criação, não há judeus nem gregos. Mas, bem nesse ponto, como é típico de Paulo, ele reconhece que a nova criação extingue *todas* as antigas categorias sociológicas que separavam os seres humanos. Então, ele acrescenta que o que se aplica a judeus e gregos é igualmente aplicável a "escravos e livres", "homens e mulheres". Seu ponto é: em nosso batismo "em Cristo" e pela obra do Espírito, entramos na nova ordem, na nova criação; e, onde a morte e a ressurreição ocorreram, as antigas distinções foram extintas.[6]

---

[6] Com frequência, utiliza-se o argumento de que esse texto é soteriológico e diz respeito ao fato de que pessoas de todas essas categorias vêm a Cristo igualmente pela fé para rebater esse ponto de vista. Isso é verdade, mas divorciar a soteriologia da eclesiologia em Paulo é algo teologicamente desastroso. Na visão de Paulo, a salvação não se trata de Deus povoando o céu com inúmeros indivíduos, mas criando um povo para seu nome, por meio de Cristo e do Espírito. É na criação de um povo para seu nome que encontramos continuidade com a antiga aliança. Assim, o presente texto é eclesiológico pelo próprio fato de ser soteriológico. Uma evidência disso é a passagem que o acompanha (1Coríntios 12:13), que se expressa em categorias soteriológicas, mas é

É claro que Paulo não quer dizer que essas três categorias tenham deixado de existir na nova criação, pelo menos não na tensão "já/ainda não" em que vivemos. Ao contrário, como parte da continuidade entre o velho e o novo, todos nós somos alguma combinação dessas três categorias (por exemplo, gentio, livre, mulher). Foram extintas a *relevância* dessas três distinções e os *valores* basicamente divisórios — étnico-racial (judeu/gentio), socioeconômico (escravo/livre) e de gênero (homem/mulher) — atribuídos a elas.

Nossa dificuldade em entender a natureza verdadeiramente radical da afirmação de Paulo é dupla. Em primeiro lugar, a maioria dos cristãos contemporâneos tem pouco conhecimento do panorama escatológico fundamental comum a toda a experiência neotestamentária e que, de fato, era a única maneira de os primeiros cristãos entenderem sua existência. Em segundo lugar, a cultura ocidental em particular é, em alguns pontos fundamentais, bem diferente da cultura daqueles cristãos. No contexto em que Paulo está falando, a posição e o status prevaleciam de todas as formas. Assim, a existência de um indivíduo era totalmente identificada e subscrita por aquelas realidades. Pela própria natureza das coisas, posição e status davam a alguns vantagem sobre outros; e, na cultura greco-romana em geral, havia pouquíssimas chances de alguém alterar seu status.

Portanto, os gentios tinham muita vantagem sobre os judeus; então, os judeus se refugiavam em seu relacionamento com Deus e acreditavam que isso os colocava em vantagem perante Deus com relação aos gentios. A antipatia era profunda e recíproca. Da mesma forma, senhores e escravos ocupavam posições em que a vantagem era toda dos senhores,[7] e o mesmo se pode dizer quanto a homens e mulheres — as quais eram dominadas pelos homens e destinadas

---

eclesiológica por essência. Veja Gordon D. Fee, *God's empowering presence* (Peabody: Hendrickson, 1994), p. 178-82.

[7] Esse é um ponto, cabe aqui observar, em que a mudança podia acontecer naquela cultura porque o processo de escravização não se baseava na raça, como na trágica história dos Estados Unidos. Ao contrário, baseava-se principalmente em guerras, cativeiros e economia. Desse modo, as pessoas conseguiam mudar seu status (*e.g.*, em tempos

apenas à procriação. De fato, de acordo com Diógenes Laércio, Sócrates costumava dizer todos os dias: "Havia três bênçãos pelas quais ele era grato à Fortuna: primeira, ter nascido humano, não animal; segunda, ter nascido homem, não mulher; terceira, ser grego, não bárbaro".[8] A versão judaica dessa declaração, obviamente influenciada pela cosmovisão greco-romana, é o rabi que diz: "Todos os dias você deve dizer: 'Graças a ti, ó Deus, [...] por eu não ser uma criatura bruta, nem gentio, nem mulher'".[9]

Para nós, é muito difícil imaginar o impacto das palavras de Paulo em uma cultura na qual a posição e o status preservavam a ordem dentro de limites basicamente instransponíveis. Paulo afirma que, quando as pessoas entram para a comunhão de Jesus Cristo, já não há mais sentido em ser judeu ou grego, escravo ou livre, homem ou mulher. A natureza abrangente dessa afirmação — seu significado contracultural, o fato de que ela *desprivilegia* todos ao *privilegiar* todo mundo — atinge o âmago de uma cultura sustentada por pessoas que mantêm as mesmas posições e status. Em Jesus Cristo, porém, aquele cujas morte e ressurreição inauguraram a nova criação, todas as coisas se fizeram novas; e a nova era raiou.

A nova criação, portanto, deve ser nosso ponto de partida na discussão sobre questões de gênero, pois foi aqui que Paulo viveu teologicamente. Qualquer coisa que ele diga deriva de sua perspectiva sobre o que aconteceu com a vinda de Cristo no Espírito.

O IMPACTO

Qual foi, então, o impacto dessa perspectiva radical na relação homem/mulher? Começamos notando que, na nova criação, dois

---

economicamente difíceis, era possível vender-se como escravizado, e os senhores muitas vezes alforriavam a pessoa).

[8] 1.33 (Loeb Classical Library).

[9] Talmudic tractate, *Menahoth* 43b (tradução de Epstein).

aspectos essenciais da primeira criação — mutualidade/complementaridade e diferenciação — foram restaurados. Afinal, é a *nova criação*. Isso pode ser visto em duas passagens de 1Coríntios (7:1-40 e 11:2-16) onde lemos que, aparentemente, algumas mulheres da comunidade de fé estavam exagerando as implicações de sua nova existência escatológica.[10] Ou seja, estavam defendendo ou presumindo uma "mutualidade" sem "complementaridade" e também a eliminação da diferenciação. Paulo simplesmente não podia permitir que isso acontecesse, já que essas coisas também fazem parte da criação, tanto da antiga como da nova.

O que provavelmente está por trás disso é a visão que essas mulheres tinham do falar em línguas. Em 1Coríntios 13:1, Paulo diz: "Ainda que eu fale as línguas dos homens e dos anjos...". Essa pode ter sido uma referência ao *Testamento de Jó*, em que as filhas de Jó recebem um cinto que as transporta ao céu pelo Espírito; e, pelo Espírito, elas falam o dialeto dos anjos. Parece ser um entendimento comum que quem fala em línguas está falando a língua do céu.

Assim, um tipo específico de "espiritualidade" parece ter-se estabelecido em Corinto, e isso incluía a desvalorização do corpo. No começo, os cristãos ficaram um pouco confusos sobre o corpo ser uma coisa boa (visto que Deus o criou) ou não. Pelo menos essa era a situação da Corinto de Paulo. Por estarem falando a língua dos

---

[10] Essa visão deriva de diversas realidades nessa carta, especialmente do fato de que, logo depois da passagem que proíbe os homens de procurar prostitutas (1Coríntios 6:12-20), Paulo aborda o problema de algumas mulheres que estão recusando o sexo dentro do casamento, com base na crença de que "é bom que o homem não toque uma mulher". Quando menciona a questão do divórcio (v. 10) — o corolário óbvio de sua posição —, ele faz algo não cultural: argumenta que a mulher não deve separar-se do marido e depois, em uma reflexão quase tardia, diz que o mesmo vale para o marido, claro. Para ver todo o argumento em defesa dessa visão, cf. Gordon D. Fee, *Commentary on the First Epistle to the Corinthians* (NICNT; Grand Rapids: Eerdmans, 1987), p. 10-3, 267-70 [ed. brasileira: *1Coríntios: comentário exegético* (São Paulo: Vida Nova, 2019)].

anjos, algumas mulheres já se consideravam como os anjos (que não se casavam nem eram dados em casamento, veja Lucas 20:34-36) e, portanto, defendiam que não houvesse sexo no casamento (1Coríntios 7:1-16) além de abolir um símbolo de diferenciação (1Coríntios 11:2-16).

Paulo corrige o último abuso ao insistir que o corpo da pessoa não pertence a ela mesma, mas a outro (1Coríntios 7:3-4) — não de forma abusiva ou possessiva, obviamente, mas como um presente para essa outra pessoa. Devido à mutualidade e à complementaridade na relação matrimonial, marido e mulher devem manter relações sexuais continuamente (v. 2) e não se defraudarem nesse sentido (1Coríntios 7:5). Portanto, essa passagem muda radicalmente a questão sexual dentro do casamento. Ao contrário do padrão mais comum, que via o sexo como algo que o marido faz com a esposa para o próprio prazer, a intimidade sexual é uma celebração de pertencer um ao outro, ou seja, o "corpo" de um não é sua propriedade privada; em vez disso, ambos dão o próprio corpo ao outro em uma relação mútua de amor.

Da mesma forma, Paulo defende em 1Coríntios 11:2-16 que a esposa continue usando véu, porque é um símbolo da diferenciação entre homens e mulheres. Embora, em geral, se sugira outra coisa,[11] essa passagem não está relacionada com a subordinação das mulheres

---

[11] Baseando-se principalmente em uma leitura do v. 3, que sugere que "cabeça" significa estar, de alguma forma, "acima do outro". Mas essa sentença foi criada por Paulo como uma espécie de jogo de palavras com o termo "cabeça", baseado no problema relacionado com a cabeça literal da esposa, a fim de estabelecer um ponto de referência para a questão da vergonha. O significado de "cabeça" é muito debatido, claro, mas a chamada visão "grega", que parece fazer mais sentido de acordo com todas as informações dessa passagem, é expressa na interpretação de Cirilo de Alexandria (*Arcad.* 5.6): "Portanto, dizemos que 'o cabeça de todo homem é Cristo'. Pois foi feito por ele [...] como Deus; 'mas o cabeça de toda mulher é o homem', pois ela foi tirada de sua carne [...]. Da mesma forma, 'o cabeça de Cristo é Deus', porque ele é dele por natureza".

aos homens — visão que faz com que o versículo 10 diga o oposto do que Paulo afirma. O texto grego não pode ser mais claro: a mulher tem autoridade sobre a própria cabeça "por causa dos anjos".[12] Embora exista muita incerteza sobre essa frase (acredito que esteja relacionada com a questão de elas serem como os anjos), não há dúvida sobre quem tem autoridade sobre o quê. A mulher em Cristo tem autoridade sobre a própria cabeça, mesmo quanto ao tradicional uso do véu para cobri-la. Paulo, no entanto, quer que ela use essa autoridade para manter a diferenciação na nova ordem. A retórica dos versículos 5 e 6 mostra que o problema diz respeito à diferenciação entre homens e mulheres. Se ela insiste em remover esse símbolo comum de diferenciação, Paulo argumenta, por que não seguir em frente nesse caminho de "desonra" (para ela mesma, no caso) e rapar ou tosquiar a cabeça — o que, naquela cultura, era evidência de ser a parte "masculina" de uma relação lésbica.[13]

---

[12] Para evidência disso, cf. Gordon D. Fee, *First Corinthians*, p. 519 [ed. brasileira: *1Coríntios: comentário exegético* (São Paulo: Vida Nova, 2019)]. Não há nenhuma ocorrência na linguagem em que a combinação do sujeito do verbo "ter", do objeto "autoridade" e da preposição "sobre" seja passiva com relação ao sujeito (*i.e.*, onde o sujeito esteja sob a autoridade de outra pessoa, em vez de exercer autoridade sobre o objeto da preposição). Não há razão para se pensar de forma diferente aqui, especialmente quando Paulo qualifica a autoridade da mulher sobre a própria cabeça (com relação a usar ou não um véu), insistindo que, "no Senhor, todavia, a mulher não é independente do homem, nem o homem independente da mulher" (v. 11).

[13] Para evidência, cf. Gordon D. Fee, *First Corinthians*, p. 510-2 [ed. brasileira: *1Coríntios: comentário exegético* (São Paulo: Vida Nova, 2019)]. O que tem sido comumente afirmado é que a cabeça rapada era sinal de prostituição em Corinto, mas não há evidência conhecida disso na literatura antiga. Para Paulo, a relação sexual entre pessoas do mesmo sexo é uma questão de negar a diferenciação e a mutualidade da criação: é isso que está por trás de sua forte denúncia contra a homossexualidade em Romanos 1:24-27. Aqueles que trocaram a verdade de Deus pela mentira, diz Paulo, negaram a verdade da criação — aquilo que Deus fez —, ao terem relações homossexuais. E Deus os entregou a paixões vergonhosas, porque se recusaram a crer na verdade a respeito dele. Isso certamente soa como uma palavra bastante severa para pessoas de orientação homossexual, mas o fato é que "homem e mulher, Deus os criou"; e Paulo vê muito claramente que a obliteração daquela expressão criada é, na verdade, uma

O pano de fundo nesse texto tem relação com a "desonra" (cf. v. 4,5,6,13,14) em uma cultura bem parecida com a atual cultura asiática, em que a honra é muito valorizada. Em um jogo de palavras com "cabeça" — que é onde, de forma literal, o problema reside —, Paulo defende a ideia de que a mulher estava desonrando o marido (seu "cabeça", como mostra o v. 3) ao abolir seu símbolo de diferenciação, assim como o marido teria desonrado Cristo se usasse o símbolo da esposa.

Em resposta a isso, Paulo não exige submissão das mulheres, mas insiste em que mantenham o símbolo de suas diferenças. De forma totalmente *ad hoc*, Paulo defende nos versículos 7-9 que a esposa não deve envergonhar aquele de quem ela é a glória pela criação. Em geral, essa passagem é lida como se estivesse falando de subordinação. Mas, em vez disso, a mulher é vista como complementar, como a glória do homem, como evidência da narrativa de Gênesis: ela foi feita do homem e para o homem (v. 8-9), não para ser subordinada a ele, mas para sua glória, para complementá-lo. Os versículos 10-12 deixam claro que ela recuperou o lugar de mutualidade que havia perdido na Queda. Logo após os versículos 8-9, ele conclui, inicialmente, atestando o fato de que a mulher possui autoridade sobre a própria cabeça (agora no sentido literal): "Por essa razão e por causa dos anjos, a mulher deve ter sobre a cabeça um sinal de autoridade". "Todavia", destaca no versículo 11, com os versículos 8-10 em mente, a mulher não deve exercer sua "autoridade" como alguém independente do marido; e eles não devem entender os versículos 8-9 de forma equivocada, porque "no Senhor" há total mutualidade. Afinal, Deus reverteu as coisas de forma definitiva — agora, o homem nasce da mulher. Assim, "no Senhor", ninguém é independente do outro, pois "tudo provém de Deus".

---

eliminação não apenas do que Deus criou, mas também do que está sendo restaurado na nova criação. Por qual outro motivo, podemos pensar, ele destacaria essas duas relações — homem com homem e mulher com mulher? Perceba também o tema da vergonha presente nesse texto.

Portanto, a essência desse argumento é de natureza dupla: a mulher deve seguir com o símbolo cultural de diferenciação devido a uma questão da desonra, mas isso não deve ser entendido como subordinação, e sim como interdependência mútua no Senhor. A nova criação não acabou com a mutualidade ou com a diferenciação, mas as restaurou. No Senhor, homens e mulheres são um e diferentes. Portanto, homens e mulheres, igualmente, oram e profetizam — as duas formas principais de adoração nas reuniões cristãs, que aconteciam nas casas —, mas fazem isso na condição de machos e fêmeas, não como seres andrógenos.

AS IMPLICAÇÕES PARA AS ESTRUTURAS SOCIAIS

Dadas as instâncias básicas da teologia de Paulo e seu impacto na relação homem/mulher (especialmente marido/esposa), a questão que permanece para nós é problemática: quais são as implicações de tudo isso para as estruturas sociais? Para respondê-la, é preciso voltar às três estruturas mencionadas em Gálatas 3:28: "Não há judeu nem grego, escravo nem livre, homem nem mulher". Em diversas passagens paulinas, está claro que ele não está dizendo que a nova criação elimina as estruturas decaídas, nas quais existem diferenças. O que Paulo pretende com aquelas categorias é radicalizá-las, inserindo-as no contexto da cruz. Tudo muda com o fato de que a cruz governa tudo.

Tome a escravidão como exemplo. Por um lado, em Colossenses 3:22—4:1 e Efésios 6:5-9, Paulo conclama tanto os senhores como os escravizados a viverem como irmãos e irmãs em Cristo, sem dizer que essa estrutura em si deva ser eliminada. No entanto, em Filemom ele radicaliza essa relação de tal forma que ela perde a significância. Paulo não diz: "Filemom, pare de ter escravizados". O que ele diz é que agora Onésimo está "de volta para sempre, não mais como escravo, mas, acima de escravo, como irmão amado" (v. 15-16). Como, podemos nos perguntar, as antigas estruturas continuariam tendo importância nesse contexto, no qual o escravo que roubou e fugiu — e que, segundo a lei romana, merecia a morte — agora é aceito de volta como um amado irmão em Cristo? Lembremos de que tanto a carta aos Colossenses como a carta a Filemom foram lidas publicamente, com a comunidade reunida, e Filemom e Onésimo estavam presentes ouvindo o que Deus havia estabelecido por meio da cruz. As antigas distinções podem existir no sentido sociológico, claro, mas deixam de ter significado quando tanto o senhor como o escravo têm o mesmo mestre, Jesus Cristo.[14]

Quando olhamos para as relações homem/mulher (em uma cultura na qual isso se referia, em primeiro lugar, a esposas e maridos em casa), encontramos a mesma coisa. Nosso problema ao ler esses textos (especialmente as "regras do lar", em Colossenses 3:18—4:1 e Efésios 5:18—6:9) é que não temos muita noção sobre quanto Paulo estava radicalizando o lar greco-romano. Portanto, antes de olhar para o texto de Efésios, é preciso conhecer um pouco da sociologia assumida nessa passagem, e a arquitetura desempenha papel importante aqui. Embora os primeiros cristãos vivessem em outros tipos de moradia — cortiços; comerciantes que viviam em cima de seu estabelecimento etc. —, essa passagem fala de uma grande casa como a ilustrada na figura 1 (veja p. 94),[15] que incluía esposa, filhos e escravos.

O modelo sociológico básico para esse tipo de casa é o do patronato, ou seja, uma relação comunal entre desiguais. Nesse tipo de

---

[14] Essa verdade deveria ter feito com que todos os argumentos disparatados do protestantismo norte-americano favoráveis à escravidão nos últimos trinta anos caíssem por terra. O que aconteceu em meu país (Estados Unidos) com relação a esse assunto foi pura loucura, já que Filemom é uma evidência clara de que "irmão em Cristo" significa que negros e brancos devem comer juntos à mesma mesa; a mesa do Senhor, em um contexto de refeição, é o grande equalizador. Caso contrário, o evangelho de nosso Senhor será traído em sua essência.

[15] Devo esse diagrama e boa parte da descrição a seguir a Osiek, Carolyn; Balch, David L. *Families in the New Testament world, households and house churches* (Louisville: Westminster; John Knox Press), p. 8 e outras partes ao longo do texto.

relação, os desiguais se beneficiam. O senhor da casa beneficia as demais pessoas desse lar ao dar provisão a elas, e elas o beneficiam ao cumprirem suas ordens (em particular, os escravizados). A esposa se beneficia por poder viver em uma casa que não seja a de seu pai e, claro, beneficia o chefe da família, pois, com sorte, lhe dará herdeiros homens.[16]

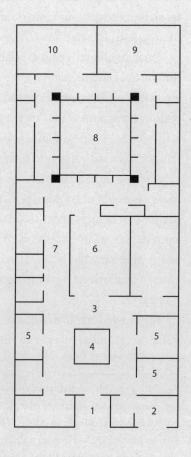

Figura 1:
Uma típica *domus*

1. *fauces* (entrada)
2. lojas ou oficinas
3. átrio
4. implúvio
5. cubículo
6. tablino
7. *andron*
8. peristilo
9. triclínio
10. *oecus*

(Ilustração de Deborah Wells)

---

[16] No mundo greco-romano, as bebês eram muitas vezes "expostas", colocadas no lixo para morrer. Era o homem que contava, porque ele é quem trazia consigo a linhagem da família. Obviamente, um número suficiente de meninas era mantido, com vistas aos propósitos do homem, mas as meninas eram propriedade, e ficava a cargo do pai a decisão de mantê-la ou não — e quero dizer apenas o pai, não os pais.

Por lei, o homem era o chefe do lar (e, portanto, o patrão). O texto de Paulo foi escrito em um contexto de "patriarcado totalitário", que era absoluto e sustentado por lei.[17] Em geral, mas nem sempre, o patrão exigia que todos da casa servissem aos seus deuses. Ao contrário do que hoje entendemos por casa, a *domus* não era um lugar de consumo, mas de produção; não era um refúgio privado, mas semipúblico. O patrão era o único que desempenhava papel público. O átrio servia como lugar para fazer negócios e ficava basicamente aberto a outras pessoas. As mulheres, especialmente as filhas, viviam na parte de trás e não tinham permissão para entrar na parte pública da casa — por medo de que fossem abusadas ou seduzidas. Temos uma boa descrição disso em uma passagem de Fílon de Alexandria:

> Mercados, câmara de vereadores, tribunais, reuniões e encontros em que um grande número de pessoas se reúne, ao ar livre, com amplo espaço para discussão e ação — todos esses são adequados aos homens, tanto em tempos de guerra como de paz. As mulheres combinam melhor com uma vida que nunca se afasta da casa, onde a porta do meio é o limite das donzelas, e a porta externa é o limite daquelas que já alcançaram a plena feminilidade.[18]

O que significava para a mulher entrar em tal casa como esposa? Sabemos, pelo grande número de censos do Egito, que a idade média do homem ao se casar era de 30 anos, e a da mulher, menos de 18. O motivo para casar não era o "amor" no sentido que conhecemos hoje, mas ter filhos legítimos, fazer com que a linhagem familiar

---

[17] Também precisamos reconhecer, é claro, que em todas as situações em que a lei permite o tipo mais desprezível de comportamento, há sempre pessoas que funcionam como "ditadores-benfeitores"; e sabemos de muitos desses na cultura greco-romana. Não quero pintar uma imagem totalmente sombria da época, mas tão somente apontar para o fato de que um patriarcado totalitário era assumido pela própria lei.

[18] Philo, *The Special Laws* 3.169 (traduzido por F. H. Colson em Loeb Classical Library, 7.581).

tivesse continuidade; na verdade, não ter filhos, especialmente filhos homens, era a causa mais comum de divórcio. Além disso, quase todos os homens eram (do nosso ponto de vista) promíscuos. Como Demóstenes afirma, de forma prática e sem cerimônia: "Mantemos amantes por prazer, concubinas para o cuidado diário com o corpo, mas as esposas servem para nos dar filhos legítimos".[19] Por esse motivo, muitas vezes as esposas também eram promíscuas — embora tentassem ser mais discretas, já que a infidelidade feminina era uma desonra!

A ideia de que homens e mulheres eram parceiros iguais no casamento simplesmente não existia, e uma evidência disso pode ser vista nas refeições, que, em todas as culturas, servem como grande equalizador. No mundo grego, a mulher raramente se juntava ao marido e aos amigos dele nas refeições; e, caso o fizesse, não se reclinava à mesa (apenas as cortesãs faziam isso), mas ficava sentada em um banco na extremidade. E elas deviam sair logo depois que comessem, quando a conversa se tornasse mais pública. É especialmente difícil para a maioria de nós até mesmo imaginar uma cultura assim, quanto mais ter alguma impressão sobre ela. É isso que torna o que Paulo realmente diz tão contracultural, sem acabar com essas estruturas em si.

Nossa dificuldade em relação ao texto de Paulo é que somos herdeiros de uma cultura que foi radicalmente alterada por dois grandes acontecimentos nos últimos trezentos anos que viraram a cultura basicamente patronal que a precedeu de ponta-cabeça: o Iluminismo e a Revolução Industrial. O Iluminismo, cuja ênfase está no indivíduo, criou uma cultura em que os direitos individuais passaram a ser considerados o bem maior, tanto que, no final do século 20, o conceito de direitos individuais substituiu o de bem comum (ideia que tem uma rica história, agora obsoleta).

No entanto, o Iluminismo não causou sozinho as mudanças estruturais em nossa compreensão sobre casa e família (observe as casas senhoriais britânicas, com seus autocratas "iluminados", representadas

---

[19] *Oration* 59.122.

de forma bem negativa em filmes recentes). Foi a Revolução Industrial que mudou tudo; e fez isso ao tirar tanto homens como mulheres de casa para o mercado de trabalho, de modo que, enquanto, em 1885, nos Estados Unidos, 88% de todos os bens eram produzidos em casa, por volta de 1915 essa situação já tinha sido invertida.

Com isso e muito mais, se também levarmos em conta a "era tecnológica", vieram as maravilhosas oportunidades que agora as mulheres podem desfrutar: igualdade no acesso à educação, conquistando, finalmente, o direito ao voto e o de servir em quase todos os sentidos no domínio público. Mas também fez com que nossas casas começassem a ser vistas como refúgios para descanso e, até recentemente, como um lugar de convivência do núcleo familiar — um conceito quase estranho no mundo de Paulo.

Mas o apóstolo Paulo antecipou esses fatos em dois mil anos, com a mensagem de um Messias crucificado, algo culturalmente subversivo por essência. De fato, talvez a coisa mais radical fosse que todas as pessoas que faziam parte da nova criação de Deus também participavam de uma refeição e, juntas, celebravam a morte de seu Senhor até que ele voltasse — o que, como 1Coríntios 11:17-34 deixa claro, criou uma tensão considerável para o estilo tradicional de lar.

Quando, por fim, nos voltamos para Efésios 5, temos de começar por onde a própria sentença de Paulo começa, no versículo 18, pois "deixem-se encher pelo Espírito" é o único imperativo da passagem até o versículo 25 ("Maridos, amem suas mulheres"). Portanto, Paulo insta os cristãos a serem cheios pelo Espírito, e que mostrem isso ao cantarem, ao renderem ações de graça e ao se submeterem uns aos outros.

Nas relações que se seguem, devemos levar em consideração três detalhes. Primeiro: no lar ordinário, o marido, o pai e o senhor são a mesma pessoa, enquanto a esposa, os filhos e os escravizados são pessoas diferentes. Segundo: quando Paulo diz às esposas que se submetam e, aos filhos e aos escravizados, que obedeçam, ele não está apresentando alguma ideia nova nem se opondo à insubordinação, mas tão somente se expressando nos moldes de sua cultura. Mas aqueles que são cheios pelo Espírito e adoram a Cristo como

Senhor o fazem na condição de servos do verdadeiro Senhor, não de um senhor terreno.

Terceiro (e aqui está o momento verdadeiramente radical): tanto a estrutura da passagem como a contagem de palavras (quatro palavras ao marido para cada palavra à esposa) indicam que a ênfase está no chefe da casa, o marido/senhor/pai. E a única coisa que Paulo diz a ele é repetir três vezes: "Ame sua esposa". Amor (ágape) é o que ele demanda, e o ágape — isso deve ser enfatizado — não tem relação alguma com romance ou sexo, e sim com dar a vida em amoroso serviço pelo bem da esposa.

Convém observar especialmente a ênfase em amar a *própria esposa*. Isso exclui as cortesãs. "Ame cada um a sua mulher" (v. 25,28,33). Era a esposa que merecia todo o amor e o compromisso de serviço amoroso. O modelo ao longo do Novo Testamento é o amor de Cristo por sua igreja, expresso em sua morte na cruz. Paulo usa a imagem de um homem tomando uma noiva, um eco deliberado da linguagem de Ezequiel 16, passagem em que Deus desposa a adolescente nua e órfã, lhe dá banho e a veste com as melhores roupas. Agora Paulo imagina o marido tratando a esposa como aquela noiva, adornada e digna de ser contemplada.

Presume-se, nesse texto, claro, que o marido continuará provendo liderança para o lar. No entanto, essa liderança será radicalmente transformada em cuidado pelas pessoas: elas não mais servirão apenas para atender aos seus interesses. E é por isso que Paulo passa a falar sobre os escravizados e os filhos. Em cada caso, o marido, o senhor, o pai é a pessoa que Paulo procura. Se ele radicaliza a casa à luz da cruz, a vida dos filhos e dos escravos é colocada sob uma nova perspectiva na nova criação.

Então, onde isso nos situa hermeneuticamente? Eu argumentaria que as estruturas, em última análise, são bem imateriais para os cristãos, ou seja, os lares do primeiro século já não podem mais servir de modelo para os lares cristãos do século 21, assim como o Império Romano, com suas políticas econômicas destrutivas e egoístas e sua insistência na adoração ao imperador, também não se encaixa nas estruturas políticas contemporâneas. Todas as estruturas, tanto as nossas como as deles, baseiam-se inteiramente em dados culturais. Simplesmente não existe uma estrutura bíblica para o lar.

Assim, em nossa cultura, as estruturas tendem a depender, em grande parte, das duas pessoas envolvidas e de seus próprios dons, personalidade e forma de se relacionar. No entanto, seja qual for a estrutura, a questão é que vivemos como Cristo em nossas relações dentro de casa. Deus nos chama ao *shalom*, a sermos cheios do Espírito e, portanto, a nos submetermos uns aos outros em reverência a Cristo, a amarmos com o amor de Cristo, por meio de nosso autossacrifício. E creio que, se fizermos isso bem, o problema das estruturas cairá na insignificância.

E O MINISTÉRIO?

Os textos paulinos mostram uma visão bastante consistente do "ministério" como serviço à igreja e ao mundo de várias maneiras. Todos, homens e mulheres, ministram dentro do contexto de seus dons pelo Espírito Santo. Sobre o ponto crucial de ministrar por dons verbais, Paulo, de forma consistente, sugere que "todos podem profetizar" (1Coríntios 14:24), fato corroborado pela passagem de 1Coríntios 11:2-16. Embora alguns digam o contrário, Paulo não fazia distinção entre homens e mulheres quanto ao uso de dons verbais (profecias, línguas, ensino, revelação etc.). Os dons do Espírito Santo eram o único critério, e o Espírito Santo, obviamente, não olhava para o gênero, já que capacitava homens e mulheres à vontade.

Quando seguimos para a questão de "cargos" na igreja, entramos em uma área sobre a qual Paulo oferece quase nenhuma evidência. A ideia de que alguns servem como "sacerdotes" e devem ser homens (mantendo, assim, vivas as restrições da Antiga Aliança!) é alheia a Paulo. De qualquer forma, parece claro que a "função" precedia o conceito de "posição". Em suma, atuava-se como profetas ou mestres antes que fossem assim chamados — não havia "cargos" preordenados.

Assim, a questão principal para nós com relação ao tema "gênero e ministério" não é se as mulheres ministravam — é óbvio que elas faziam isso —, mas se, dadas as normas culturais, elas também desempenhavam papéis de liderança (termo que, por si só, já é pouco objetivo à luz das evidências paulinas). Se elas desempenhavam esse papel, isso estaria de acordo com a sociologia radicalmente contracultural presente na comunidade de fé que já descrevemos.

Portanto, um dos momentos mais marcantes das cartas de Paulo (mas raramente percebido por nós, pois tendemos a ler o texto a partir de nossa cultura) são suas saudações no final de Romanos a Priscila e Áquila (Romanos 16:3-5). O fato de ele mencionar Priscila primeiro, de elogiá-los, pois "arriscaram [plural] a vida por mim", e de saudar a igreja que conheceu na casa *deles*, não na de Áquila, são evidências seguras de que algo já havia sido transformado pelo evangelho.

Essa é também a importância de passagens como Colossenses 4:15 ("Ninfa e a igreja que se reúne em sua casa") e Atos 16:14-15,40 (os cristãos de Filipos reunidos na casa de Lídia). Quando a igreja se reunia nesse tipo de casa, ela se juntava no átrio, a área semipública na qual os negócios eram, em geral, conduzidos, e o dono da casa naturalmente servia como líder dessa igreja doméstica. Ou seja, pela própria sociologia das coisas, nunca ocorreria a eles que uma pessoa de fora viesse liderar o que era entendido simplesmente como uma extensão daquela residência. Para ser mais claro, a igreja não se reuniria na casa de alguém, a menos que o dono do lugar fosse, naturalmente, o líder. Portanto, Lídia teria desempenhado na igreja de sua casa o mesmo papel de chefe daquela residência.

Outras passagens refletem essa mesma realidade, a começar pela evidência de Filipenses 4:2-3. Pela linguagem que Paulo utiliza, Evódia e Síntique provavelmente exercem algum ministério na igreja. Elas lutaram ao lado de Paulo pela causa do evangelho, assim como os demais cooperadores — referindo-se aos outros que também cooperavam nas igrejas, além de Evódia e Síntique. Dada essa linguagem, se elas fossem homens, todos concordariam que seriam líderes da igreja de Filipos. E, mesmo agora, os únicos que pensam diferente o fazem simplesmente porque Evódia e Síntique são mulheres. A linguagem que Paulo utiliza aqui é decisiva: elas eram líderes da igreja de Filipos.

A conhecida sociologia da Macedônia[20] também corrobora esse fato. Apesar do que era dito acerca das mulheres na vida pública, a Macedônia é bem conhecida como uma exceção à regra, pois, desde muito cedo, as mulheres ocupavam posições importantes na vida pública. Portanto, não é de admirar que a evidência de sua liderança na igreja aconteça justamente em Filipos.

Da mesma forma, em Romanos 16:1-2 Febe é *diakonos* na igreja de Cencreia, o que significa que ela servia naquela igreja. É a mesma linguagem que Paulo emprega em outro lugar para se referir a si mesmo e a outros como uma liderança que serve à igreja. Nesse caso, Paulo acrescenta que ela também era *prostatis* para muita gente, inclusive para ele próprio. Há muitas evidências de que, nesse caso, essa palavra provavelmente indica que ela era uma "benfeitora" para a igreja e também para outras pessoas.

Finalmente, em Romanos 16:7, Paulo destaca Andrônico e Júnias, provavelmente marido e mulher, que já eram apóstolos antes do próprio Paulo. Apesar de alguns tentarem dizer que Júnias é homem (apenas porque aqui ela é chamada "apóstolo"), isso não é verdade. Não se sabe de ninguém com o nome de Júnias no mundo romano. Ela e o marido serviram juntos como apóstolos — simples assim, embora, nesse caso, o termo (e também muito provavelmente em 1Coríntios 12:28) se refira a uma "função" e não a um "cargo".

A única exceção a essa representação consistente é a instrução muito *ad hoc* e específica de Paulo em 1Timóteo 2:11-12, que, sem dúvida, é um "texto estranho", e não a norma. No contexto de 1Timóteo, a questão não é a ordem na igreja, mas o falso ensinamento. Como fica igualmente claro pelas evidências de Atos 20 e 1 e 2Timóteo, os falsos mestres eram presbíteros locais que estavam se desviando após falsos

---

[20] Sobre esse assunto, veja W. W. Tarn. *Hellenistic civilization* (Cleveland: World Publishing Co., 1952), p. 98-9.

ensinamentos. Esse é o motivo de Paulo mencionar tantos problemas nessa carta e de Timóteo enfrentar tantas dificuldades, pois, embora fosse jovem, precisava deter — e até mesmo excomungar — os presbíteros envolvidos com os falsos ensinamentos. A evidência em 1 e 2Timóteo deixa ainda mais claro o fato de que esses presbíteros perdidos haviam encontrado uma ótima oportunidade nas casas de algumas viúvas mais jovens. Em 2Timóteo 3:6, especialmente, é dito que eles se introduziam nas casas dessas mulheres, que eram tolas e instáveis, como Paulo as chama, que estavam sempre tentando aprender, porém nunca chegavam ao conhecimento da verdade.

Em 1Timóteo 5:13, Paulo já havia mencionado essas viúvas mais novas, que iam de casa em casa e eram *phluaroi*, o que, apesar de algumas traduções dizerem o contrário, não quer — e, na verdade, não pode — dizer "fofoqueiras", mas "faladoras de tolices". Essa palavra é utilizada em todos os tipos de textos filosóficos para se referir a pessoas que "falam tolices" e, claro, ensinam uma filosofia diferente da do autor. Portanto, essas viúvas jovens estavam indo de casa em casa transmitindo a tolice dos falsos ensinamentos. A admoestação a elas é singular: algumas já se haviam desviado da verdade para seguir Satanás (1Timóteo 5:15) e deveriam casar-se (v. 14; o que vai contra o conselho de 1Coríntios 7:39-40), para que pudessem administrar bem sua casa (ou seja, assumir o papel de esposa) e ter filhos.

A última parte desse conselho remete à passagem de 1Timóteo 2:11-15,[21] na qual lemos que, com essa atitude, elas "serão salvas". Portanto, nesse ponto específico do Novo Testamento, essas viúvas, que estão repetindo a transgressão de Eva pelo engano de Satanás,[22] são proibidas de ensinar ou de dominar. Em vez disso, deveriam casar-se e ter filhos?

---

[21] Os únicos dois usos da palavra *teknogonein* ("gerar filhos") no Novo Testamento ocorrem nesses dois versículos (1Timóteo 2:15; 5:14).

[22] Embora, no versículo 13, Paulo diga que "Adão foi criado primeiro, depois Eva", o objetivo não é dizer que, por isso, só os homens estão qualificados para o ensino, mas que quem foi criado por último foi o primeiro a transgredir. E não é da tarefa de ensinar que ele se ocupa, mas da "salvação" delas.

Por fim, pergunto aos que pensam que esse texto controla todos os outros textos do Novo Testamento e que o versículo 11 se aplica a todas as épocas e circunstâncias: por que não tratam da mesma forma os versículos 9-10, que o precedem, e o versículo 15, que vem depois e diz que todas as mulheres serão salvas ao gerarem filhos?

Paulo, por certo, não quer dizer que essas jovens viúvas vão obter a salvação eterna por terem filhos. Trata-se de uma sinédoque: "ter filhos" é uma atividade (a ser elaborada em 5:14) que representa sua maior preocupação. Elas serão "salvas", nesse caso, se não mais aderirem ou deixarem de espalhar falsos ensinamentos. Daí a orientação para que se casem, porque estarão de volta à situação em que não espalhavam falsos ensinamentos nem eram vítimas (como Eva antes delas) do engano de Satanás. Mais adiante, no capítulo 5, ele orienta Timóteo a excomungar os presbíteros responsáveis por tudo isso, sinal de que os dois grupos do capítulo 5 (viúvas e presbíteros) são os que estão causando problemas para a igreja.

O objetivo de tudo isso é mostrar que esse texto,[23] que existe por razões muito específicas, não deve ser utilizado para ignorar o restante das evidências. Se não temos mais essas evidências, convém lembrar que esses escritos foram produzidos no primeiro século, no contexto acima descrito. Ainda bem que temos muitos textos, e é significativo o fato de que eles existem não para "ensinar" ou "corrigir", mas também para registrar o que estava em vigor, o resultado da nova criação.

CONCLUSÃO

O resultado disso tudo parece claro: Paulo não destruiu as estruturas existentes, mas também não as santificou. Para ele, tudo começa com Cristo, sua morte e ressurreição, pela qual ele estabeleceu uma nova

---

[23] Sobre a inautenticidade de 1Coríntios 14:34-35, veja Fee, *God's empowering presence*, p. 272-81.

ordem, uma nova criação. Nessa nova criação, duas coisas acontecem: a relação entre homem e mulher da primeira criação é restaurada, mas deve ser vivida sob o paradigma da cruz. Em Jesus Cristo, não há homem ou mulher, mas isso não significa que essa diferenciação tenha acabado, mas, sim, que ambos, de igual modo, entram na nova criação e, portanto, servem um ao outro e ao restante da igreja da mesma forma que seu Senhor — ou seja, ofertando-se ao(s) outro(s) por amor. Assim, o ministério é o resultado do dom divino, e não tem relação alguma com a condição de ser homem ou mulher, judeu ou gentio, escravo ou livre.

CAPÍTULO 7
O bispo e a Bíblia

Com base nas afirmações de John Spong publicadas na última edição da *Crux*, podemos dizer, de forma irônica, que uma resposta ao uso que ele faz das Escrituras teria de ser incluída na lendária coleção "Os Menores Livros do Mundo", pois, de fato, pouca coisa pode ser considerada interpretação bíblica em sua apresentação. Ao contrário, o que vemos, em vários momentos, é uma rejeição retórica e descontrolada à perspectiva bíblica sobre a homossexualidade, definida como uma barreira contra os que "usam a Bíblia para perpetuar atitudes e preconceitos do passado" (p. 21). Entretanto, devemos levar a sério a própria declaração de amor do bispo pela Bíblia, bem como seu desejo de "resgatá-la para a igreja das garras do fundamentalismo". Meu objetivo com essa resposta é, antes de tudo, levar tanto o bispo como as Escrituras a sério: 1) ao sugerir que, em última análise, suas declarações de amor pelas Escrituras e sua atitude arrogante em relação a elas no debate são bastante incompatíveis; e 2) ao oferecer uma interpretação dos textos paulinos sobre a questão da homossexualidade que seja, ao mesmo tempo, fiel ao ponto de vista das Escrituras e compassiva com os que pertencem à comunidade *gay* — de acordo com o que o evangelho define por compaixão.

1) Se você ignorar a retórica e perceber o que o bispo está tentando fazer, dois fatos se destacam. Primeiro: embora eu não tenha tido a oportunidade de ouvir o debate pessoalmente, até mesmo uma

leitura casual do discurso preparado de Spong e de seus comentários improvisados deixa claro que ele estava tentando agradar seu público. O problema desse método é que, de duas formas, as coisas podem não sair conforme o planejado pelo orador. Por um lado, embora direcionar a mensagem para sua própria audiência ganhe pontos com os "já convertidos", é pouquíssimo provável que seja persuasivo com aqueles cuja mente ainda não foi convencida e que gostariam de ouvir argumentos razoáveis. Infelizmente, para aqueles cuja mente já se decidiu, tal argumentação tem o efeito de menosprezar e, portanto, de ser tudo menos semelhante a Cristo. Por outro lado, levanta suspeitas sobre se o bispo pensou com cuidado na questão da audiência. Se seu objetivo era caricaturar quem discorda dele e oferecer, aos que concordam, motivos para se posicionar contra outros cristãos, então ele obteve êxito. Mas, se o objetivo era conquistar descrentes para a fé cristã, então a exposição de Spong, que tende a depreciar a Bíblia nesse processo, dificilmente consiste em uma evangelização genuína.

De meu ponto de vista, tal retórica funciona como uma proposição em que todos saem perdendo, pois a) divide os cristãos no fórum público, em vez de demonstrar que podemos discordar uns dos outros publicamente sem recorrer a métodos mundanos para derrotar os oponentes; e b) pode, de fato, oferecer algum consolo aos que debatem conosco sobre o tema da homossexualidade, mas dificilmente lhes oferece uma postura positiva com relação à Bíblia, de modo que o resultado final será a incapacidade de ouvir o próprio evangelho, que se baseia nas Escrituras e em nada mais. Em outras palavras, o problema com os ataques de Spong é que, apesar dos protestos, ele só causa menosprezo pelas Escrituras, tanto aos olhos daqueles cujo amor pela Bíblia é igual ao (e à luz da retórica de Spong, penso que seja "maior que") do próprio Spong como aos olhos daqueles que não conhecem nosso Senhor Jesus Cristo e cuja única esperança de ouvir o evangelho está na própria Escritura que Spong tanto diminui perante eles.

Segundo, ao apelar à sua audiência dessa forma, Spong também tenta, por um lado, distanciar-se o máximo possível da visão das

Escrituras que ele rotula como fundamentalista e, por outro lado, abordar a questão da homossexualidade com o argumento da relatividade cultural, que exclui qualquer implicação moral de tal comportamento.

A oposição de Spong ao fundamentalismo é absoluta, mas nem sempre justa, principalmente porque ele parece determinado a lançar a rede bem longe, de modo que o termo inclua até mesmo pessoas como Stott, cujos trabalho e postura estão tão longe do fundamentalismo que Spong combate quanto o próprio Spong. Mas é preciso lembrar que o termo "fundamentalismo" pode referir-se tanto a uma série de conclusões excessivamente "literalistas" — e, de meu ponto de vista, obscurantistas — sobre a Escritura como à mentalidade dos que sustentam tais visões. Uma das principais características dessa mentalidade é a tendência de dividir o mundo em dois campos: "nós" e "eles".

Infelizmente, essa é a mentalidade que Spong adota, tanto em seu discurso aqui como em seus livros já publicados. Sua retórica causa o claro efeito de colocar todas as pessoas em dois lados com relação às Escrituras, especialmente na questão sobre o comportamento homossexual: o de Spong e todos os outros. Os últimos, além de rotulados como fundamentalistas, também são classificados pelo autor como "ingênuos", "sexistas" e "abertamente homofóbicos", que "citam a Bíblia de forma irresponsável para defender sua perspectiva". Essa é justamente a atitude que ele caracteriza no início como "fundamentalista".

O bispo está certo: o fundamentalismo deve ser rejeitado, mas em todas as suas formas, inclusive aquela que ele, ao mesmo tempo, combate e reproduz, segundo a qual os que discordam de suas apaixonadas defesas são ofendidos, em vez de ter suas opiniões contrárias levadas a sério, com cuidado e oração. O problema com a visão de Spong sobre as Escrituras não é o fato de ela representar um "liberalismo ultrapassado",[1] mas, sim, que, ao limitar tão fortemente essa perspectiva,

---

[1] Um liberalismo que — é importante ressaltar — muitos biblistas presumem ter acabado com a ascensão da neo-ortodoxia e do existencialismo, agora já ultrapassados na academia.

Spong parece desconhecer o grupo "médio", evangélico ou não, que representa a maior parte dos estudiosos do Novo Testamento. Com isso, não quero sugerir que a maioria esteja certa — Deus me livre disso! —, mas que Spong representa um tipo de ingenuidade acadêmica que não considera seriamente os estudos bíblicos dessa maioria. E ele parece incapaz de fazer isso.

Um dos postulados hermenêuticos fundamentais é que os intérpretes chegam ao texto cheios de pressuposições, tanto sobre o texto que estão interpretando como sobre o mundo em que vivem, além da própria bagagem. Não me considero aqui uma exceção. Na verdade, é sempre mais fácil ver esse tipo de bagagem nos outros do que em nós mesmos. No entanto, a forte reação do bispo à sua história pessoal influencia sua forma de pensar, tornando-o incapaz de levar a sério os argumentos de Stott. Ao longo de todos esses anos, minha experiência pessoal com alunos que seguiram o mesmo caminho de Spong, geralmente em um grau menor, é que eles "amam" apenas as pessoas que seguem a mesma direção que eles. Ou seja, não conseguem ter graça para fazer o mesmo com a direção de onde vieram. Apesar de declararem muito respeito pela igreja de sua juventude, a retórica apresentada em seu discurso mostra uma história bem diferente, de preconceito e raiva não resolvida.

2) Quanto ao uso que ele faz das Escrituras, várias coisas podem ser ditas, de forma cuidadosa, espero, já que nem tudo aquilo em que ele acredita aparece no formato no qual o "debate" foi conduzido. Apesar de não ter ouvido o debate, li seu *Rescuing the Bible from fundamentalism* (San Francisco: Harper, 1991), então creio que estou bem informado sobre sua forma de ler e entender as Escrituras. Para seu descrédito, o método ali revelado representa o mesmo tipo de retórica e a mesma incapacidade de levar a sério o estudo sobre o Novo Testamento presente no debate. Seja como for, a exegese não é o ponto forte de John Spong. De alguma forma, eu já sabia disso, pois meu conhecimento prévio de seu trabalho incluía sua "reconstrução histórica" de Jesus, segundo a qual Jesus era o noivo do casamento de Caná, e Maria Madalena, a noiva. Isso foi corretamente considerado

"tolo" por um sábio teólogo leigo, pois Spong lida com a "história" de forma apenas especulativa, não histórica, e ainda quer ser levado a sério. Como esperado, nenhum estudioso do Novo Testamento deu atenção a essa teoria. Exegese e história devem ser feitas a partir de coisas sérias![2]

A estratégia retórica mais óbvia na argumentação de Spong em seu debate com Stott pode ser encontrada no fato de seu ataque mais longo e exaltado não estar voltado para a questão da homossexualidade em si, mas contra um suposto patriarcado das Escrituras. O estratagema parece bem simples: atacar a (consistente) postura das Escrituras com relação à homossexualidade, por julgá-la obscurantista ao criticar sua (igualmente obscurantista, na opinião de Spong) postura a respeito da relação homem/mulher. Mas, nesse caso, a "culpa por associação" não funciona.

O ponto de vista da Escritura é, sem dúvida, universal em relação ao assunto da homossexualidade: tal comportamento foge da intenção da criação e é consistentemente classificado como pecaminoso. Os textos que tratam dessa questão, portanto, são coerentes com a visão geral da Escritura em cada ponto significativo da teologia cristã: Criação, Queda, Redenção e Consumação. Os que adotam a visão apresentada na própria Escritura sobre o tema não estão meramente "aplicando versículos bíblicos antigos" (!) à questão. Tentamos, ao contrário, ser sensíveis com o todo da Escritura e com sua visão sobre o que Deus tem feito em nosso mundo por meio de Cristo e do Espírito.

Já a questão sobre a relação homem/mulher na Bíblia não é consistentemente patriarcal, pelo menos não da forma preconceituosa que Spong define. Embora ninguém negue que o Antigo Testamento pressupõe uma visão de mundo patriarcal, como todas as suas

---

[2] Sobre esse assunto, cf. a crítica mais recente ao seu livro sobre Jesus (*Born of a woman: A bishop rethinks the birth of Jesus* [1992]) por N. T. Wright (*Who was Jesus?* [Grand Rapids: Eerdmans, 1992]), em que o autor dispensa a Spong o tratamento mais gentil possível a um estudioso do Novo Testamento, mas também expõe as várias idiossincrasias de sua pretensa "exegese".

culturas vizinhas, ele não defende nem teologiza tal pressuposição. É simplesmente parte do contexto no qual Israel veio a existir. Mas a perspectiva do Novo Testamento é surpreendentemente diferente. Embora o mundo no qual o evangelho aportou, tanto o judaico como o greco-romano, ainda fosse patriarcal, Jesus e Paulo ofereceram uma perspectiva radicalmente transformada, que não só apoia as mulheres, como também aponta que as boas-novas do evangelho eliminam qualquer significância atrelada às distinções raciais, sociais e sexuais pertencentes à Queda. Afinal, o mesmo Paulo que parece desagradar tanto o bispo Spong foi aquele que declarou: "Não há judeu nem grego, escravo nem livre, homem nem mulher; pois todos são um em Jesus Cristo" (Gálatas 3:28).[3] O fato de a Bíblia ser utilizada por alguns colegas bem-intencionados para insistir na relevância dessas distinções não faz com que ela própria e os que discordam da visão de Spong quanto à prática homossexual sejam homofóbicos.

O que surpreende na apresentação de Spong é sua aparente necessidade de usar esse estilo de culpa por associação como forma de menosprezar categoricamente os que têm uma visão diferente da Escritura, uma vez que ele parece ter muita dificuldade para lidar com os textos bíblicos relacionados a ambos os temas. O que ele está defendendo — de forma tácita, claro — é que o patriarcado e a oposição à homossexualidade são basicamente a mesma coisa. Mas essa não

---

[3] Também é preciso ressaltar que é o mesmo Paulo que Spong utiliza como base para uma série de (insustentáveis e insuportáveis) afirmações, como: "Nas Escrituras, o divórcio era permitido, mas apenas para os homens" (p. 26). Trata-se de uma meia-verdade e tem o efeito de excluir Paulo das Escrituras. Qualquer um que estude 1Coríntios 7 com atenção (especialmente os v. 10-11,12-16) reconhece que não só as mulheres podiam divorciar-se, mas também que todo o capítulo demonstra, com suas cláusulas consistentemente equilibradas entre homens e mulheres, que Paulo não é o machista que Spong tenta retratar. Na verdade, quando Paulo diz que "o marido não tem autoridade sobre o seu próprio corpo, mas sim a mulher" (1Coríntios 7:2-4), ele está milhas à frente de muitas culturas, inclusive da maioria dos povos da cultura moderna, da qual Spong faz parte.

é a perspectiva da Bíblia, e podemos argumentar que os dois temas não devem ser tão facilmente confundidos. A falta de compaixão dos que defendem tal ponto de vista é corretamente combatida, mas a Escritura estabelece fortes distinções entre moralidade e costumes, ainda que Spong queira convencer-nos de que tais distinções estão equivocadas. Eu também condeno, em nome do Deus que se revelou em Cristo, todas as formas de racismo e de dominação masculina sobre as mulheres, e isso muito antes de a segunda questão se tornar moda na instituição religiosa que o bispo representa. Isso deve ser condenado porque é errado; e é errado não porque eu ou Spong afirmamos, mas porque a Escritura o revela como contrário a tudo que a redenção em Cristo significa e provê "para nós como povo e para nossa salvação."

3) É possível apontar facilmente como o aspecto mais incoerente da visão de Spong acerca da Escritura seu pretenso amor pela Bíblia e, ao mesmo tempo, sua atitude arrogante em relação a ela. Ele nos oferece uma escolha clara: a visão dele ou a perspectiva bíblica. A Escritura é anulada de várias formas pela modernidade — na verdade, "uma Bíblia que reflete preconceitos tribais, raciais, nacionais e sexuais deve ser confrontada" (p. 22). Eu até concordaria, mas a questão principal é se a visão que Spong tem da Bíblia como um todo é adequada ou se ele ainda está lutando contra os moinhos de vento de seu passado, especialmente com a forma que sua tradição fundamentalista interpretava o texto bíblico. A postura hermenêutica básica de Spong sobre essas questões é distinguir entre "a letra da Escritura" e "o espírito da Escritura", um uso comum do texto paulino, porém exegeticamente indefensável para apoiar uma ideia moderna. O que está em jogo não é a "letra" ou o "espírito" dos textos, mas a intenção de qualquer passagem no contexto maior do autor e, finalmente, de toda a Escritura em si.

A esta altura, é preciso notar que boa parte da execração de Spong aos textos bíblicos (nas p. 22-3) reflete uma exegese especialmente pobre de sua parte (inclusive de 1Coríntios 11:7-12 [ele lê os v. 8-9 de forma exatamente contrária e age como se Paulo também não tivesse escrito os v. 11-12, apresentados como corretivos justamente para evitar que alguém lesse os v. 7-9 como Spong leu]; 1Timóteo 2:9-15; Romanos 1:26-27) e posições defendidas em alguns textos que não refletem a visão da Escritura como um todo. Seja lá o que digamos sobre a retórica de Spong, ela é simplesmente ruim no que diz respeito à interpretação.

Nesse ponto, estamos lidando com questões básicas sobre a natureza da Escritura: o que significa o fato de ela ser a Palavra de Deus e qual o seu funcionamento como tal na vida da igreja e do cristão. E aqui eu e Spong nos separamos radicalmente. Ele considera visões como a minha anacrônicas, na melhor das hipóteses, e maldosas, na pior; e eu considero a visão dele como baseada em um julgamento do texto bíblico que confere ao Deus vivo pouca chance de julgá-lo ou de chamar a atenção dele para seus pecados.[4] Se alguém pode escolher com tanta facilidade quando e como permitirá que Deus fale com ele por meio da Escritura, especialmente sobre o que ele considera certo, por que, afinal, precisaria da Escritura?

Em última análise, Spong obriga-nos a fazer uma clara escolha entre ele, com seu óbvio encantamento pela modernidade, e Paulo, que afirma comunicar a própria mensagem de Deus quando prega Cristo. Diante de tal escolha, a única que Spong nos permite, sempre opto por Paulo. Pois, em Paulo, encontro o amor de Deus e sua ira contra nosso pecado juntos na cruz; em Spong, encontro apenas um "apelo sentimental", em que a única defesa "bíblica" da homossexualidade é um parágrafo que nada tem de bíblico, em que *gays* e lésbicas "exigem" ser vistos como "santos", criados à "imagem de Deus" e "chamados para viver a plenitude de sua humanidade *gay* e

---

[4] Sobre essas questões, veja especialmente "Issues in evangelical hermeneutics: hermeneutics and the nature of Scripture", *Crux*, n. 26 (1990), p. 21-6 (republicado em *Gospel and spirit, issues in New Testament hermeneutics* [Peabody: Hendrickson, 1991], p. 24-36). Diversos temas abordados no presente capítulo já foram mencionados neste artigo mais antigo, especialmente a questão de distinguir a hermenêutica "evangélica" da "fundamentalista" e "liberal", e como cada uma delas funciona na prática.

lésbica no Santo Espírito de Deus". O bispo pode até acreditar nisso, mas não conseguiu sustentar tal visão com base nas Escrituras da igreja, tanto em textos específicos como em sua perspectiva geral. E, para mim, dizer isso não é falar como um homofóbico, mas falar a verdade em amor, com base no que se encontra no próprio texto bíblico. Em resposta à retórica de Spong — "Por que alguns de nós acham que as pessoas que escreveram a Bíblia entre 1000 a.C. e 150 d.C. tinham conhecimento suficiente sobre a homossexualidade para pronunciar um julgamento que vale para todos os tempos?" —, a resposta óbvia é: "Porque, como os credos básicos da igreja sempre afirmaram, cremos que a Escritura é inspirada pelo Espírito Santo e que a Palavra inspirada pelo próprio Deus vale para todas as épocas". Se Paulo era homofóbico, então a própria Escritura é homofóbica. E, se temos de escolher entre Spong e a Bíblia, então fico com a Bíblia, que não é homofóbica, mas é a Palavra de Deus de redenção e transformação para todos os que a ouvem e a ela obedecem.

4) Isso nos conduz, finalmente, a algumas considerações sobre os textos paulinos que Spong desconsidera com tanta facilidade. Ao falar da visão de Paulo sobre a prática homossexual como expressão máxima de que Deus abandonou o ser humano à própria degradação, Spong responde: "Que ideia estranha! E essa não é a única vez que Paulo está errado". Aí está a modernidade, com roupas de bispo e mitra, indo contra o próprio apóstolo, sem o qual não haveria o cristianismo que permite a Spong ser bispo. Mas a interpretação[5] que Spong oferece de Romanos 1 passa a milhas de distância de Paulo, tanto exegética como teologicamente.

---

[5] Spong diz (de forma bem incorreta) que "Paulo afirma que as paixões de uma pessoa por alguém do mesmo sexo são na verdade uma punição de Deus para aqueles que não o adoram adequadamente". Quando Paulo diz que "Deus os entregou", isso é, sem dúvida, uma forma de julgamento, mas não é, na perspectiva do apóstolo, uma forma de "castigo", e sim uma expressão de quão longe a "criatura" pode chegar em sua rebelião contra o Criador, que fez seres sexuais, homem e mulher, justamente para que pudessem reproduzir a espécie.

O que está em questão em Romanos 1 é a Queda, descrita pelo apóstolo como a "impiedade e [a] injustiça dos homens que suprimem a verdade de Deus por sua injustiça" [v. 18]. Com base na futilidade que é pensar uma vida longe de Deus e sem render graças a ele, Paulo afirma que a forma principal dessa injustiça é a idolatria, segundo a qual os seres humanos "trocam a glória de Deus" pela exaltação de imagens feitas segundo a semelhança de criaturas mortais. Eles simplesmente "creem em uma mentira", tanto sobre Deus como sobre si mesmos. A expressão máxima dessa troca, conclui Paulo, é a prática homossexual, em que aqueles que foram criados à imagem de Deus como homem e mulher para reproduzir a espécie — afinal, o objetivo principal da sexualidade é a procriação, não a recreação — trocaram sua sexualidade natural, criada, por algo que não é natural, precisamente porque não consegue conduzir à reprodução de seres humanos igualmente criados à imagem do próprio Deus. A persistência nessa atividade é condenada ao lado de outras formas de idolatria, em que a criatura prefere os próprios desejos à vontade do Criador; e essa é a visão consistente das Escrituras.[6] Isso não torna a prática homossexual pior do que os outros pecados elencados nos versículos 28-30, mas também não permite que tal atividade tão "antinatural" seja menos do que é: uma forma de escolher a criatura em detrimento do Criador, assim como o adultério e a promiscuidade.

De qualquer forma, "julgamento" nunca é a palavra final; é apenas a primeira. A palavra final é "redenção". E os que estão envolvidos com o comportamento homossexual são convidados a essa redenção com aqueles entre nós cuja idolatria se apresenta de diferentes formas. Portanto, na lista de vícios de 1Coríntios 6:9-11, Paulo inclui duas palavras sobre a prática da homossexualidade[7] entre outras oito expressões

---

[6] Sobre essa questão e outros textos paulinos, veja D. F. Wright, "Homossexualidade", in: Gerald. F. Hawthorne, Ralph P. Martin e Daniel G. Reid (orgs.). *Dictionary of Paul and his letters* (Downers Grove: InterVarsity, 1993), p. 413-5 [ed. brasileira: *Dicionário de Paulo e suas cartas* (São Paulo: Loyola; Paulus; Vida Nova, 2008)].

[7] Tentativas como as de John Boswell e outros, no sentido de diluir essas palavras, são especialmente apelativas. Além de meus comentários sobre essa passagem, veja D.

de "perversidade" que excluem do reino escatológico final os que nelas persistirem. Mas a última palavra é de redenção: "Assim foram alguns de vocês. Mas vocês foram lavados, foram santificados, foram justificados no nome do Senhor Jesus Cristo e no Espírito de nosso Deus".

É aqui que Spong e uma visão evangélica sobre a fé cristã se separam radicalmente. Spong insiste em uma ideia essencialmente antibíblica. "Redenção", para ele, significa tolerância passiva da parte de Deus à Queda, na qual Deus em Cristo nos afirma em nossa decadência e nos perdoa por ela, mas permite que continuemos assim. E, como, em nossa visão decaída, isso parece bondoso da parte de Deus, gostamos de pensar que essa bondade é o que o amor redentor significa. Mas esse é justamente o tipo de "apelo sentimental" do liberalismo tradicional.

O Novo Testamento tem um ponto de vista diferente: o amor de Deus é mais severo e mais gentil que o proposto pelo bispo. O amor de Cristo não apenas nos redimiu e nos libertou de nossa rebelião contra ele, como também nos deu o Espírito Santo, sua própria presença empoderadora, para nos transformar, ou recriar, de volta à sua semelhança. Assim, a redenção em Cristo e pelo Espírito não lava os pecadores para mantê-los no pecado, mas os transforma e recria à semelhança de Deus, para que reflitam sua imagem e glória, imagem que, graças à Queda, ficou tão corrompida. Tal transformação não "cura" nossa tendência ao pecado, mas o Espírito, afirma Paulo — e centenas já experimentaram isso —, é suficiente. Quem anda no Espírito se compromete a não alimentar os desejos da carne, inclusive aqueles próprios de nossa modernidade, que tenta encaixar Deus no que significa "bom" para a humanidade decaída. Nesse ponto, e em muitos outros também, fico com a Palavra do Deus vivo e rejeito as palavras de um bispo que trocou as Escrituras pela própria modernidade.

F. Wright, "Homosexuals or prostitutes? The meaning of Arsenokoitai (1 Cor 6:9; 1 Tim 1:10)", *Vigiliae Christianae*, n. 38 (1984), p. 125-53.

CAPÍTULO 8
O Espírito Santo e a adoração nas comunidades paulinas

Deixe-me começar definindo o termo "adoração", já que se trata de mais uma palavra "acordeão", que tende a ganhar significado de acordo com a quantidade de ar que se coloca ou se tira dela. Estritamente falando, a adoração diz respeito à reverência e ao louvor oferecido a Deus — esse é o significado da palavra grega traduzida mais frequentemente por "adoração". Contudo, em nosso idioma, essa palavra veio a adquirir um sentido mais amplo, ausente no grego, que expressa o que acontece quando os cristãos se reúnem com esse objetivo. Em geral, refere-se a todo o evento, às vezes como adjetivo (por exemplo, "culto de adoração"), porém, com mais frequência, como substantivo ("durante a adoração"). Uma nuance mais recente do último uso restringe seu ponto de referência a uma ou mais atividades dirigidas especificamente a Deus, especialmente cantar, assim como a ministração e a oração que ocorrem durante esse cântico (como em "nosso momento de louvor" ou "de adoração").

Meu objetivo neste capítulo é discorrer sobre o chamado "culto de adoração", para o qual, é importante ressaltar, não existe palavra no grego paulino. Quando Paulo se refere a esse evento, recorre a um dos dois verbos que significam "juntar-se" ou "reunir-se". Assim, ao se dirigir aos coríntios, ele utiliza as frases "reunindo-se como uma igreja" (1Coríntios 11:18; literalmente, "quando vocês se reúnem em assembleia") ou "toda a igreja se juntando/reunindo-se no mesmo lugar" (1Coríntios 14:23).

Meu objetivo é explorar, em primeiro lugar, a natureza desses "encontros" nas igrejas paulinas e, em segundo lugar, o papel do Espírito nessas reuniões.

Convém observar, já de início, que essa é uma tarefa um tanto tênue, pois Paulo não oferece nenhuma instrução específica sobre essas questões em suas cartas. O que faz muito sentido, já que "adoração" é algo que eles simplesmente faziam, assim como comer, então não havia razão para instruções ou análises. Logo, o que aprendemos chegou até nós por meio das correções de alguns abusos, feitas por Paulo. E, como esses são casos bem específicos, é preciso admitir que sabemos bem menos do que gostaríamos e, claro, do que gostaríamos de admitir.

O qué me proponho fazer é relativamente simples: oferecer um breve panorama sobre os dados disponíveis nos textos, para que possamos trabalhar com eles; fazer uma série de observações sobre vários aspectos desses dados, na tentativa de descobrir o que podemos aprender sobre a adoração nas comunidades paulinas; apontar o papel crucial do Espírito Santo na adoração daqueles cristãos; concluir focando em um aspecto específico da adoração, a saber, o papel do cântico.

1. OS DADOS

Embora os dados oferecidos por Paulo sobre a igreja reunida para adorar a Deus sejam relativamente escassos, há quantidade suficiente para fazermos algumas observações gerais — e devemos ser especialmente cuidadosos nesse caso, para não supervalorizarmos o silêncio do apóstolo sobre certos assuntos.

Podemos começar observando que a ideia de "reunir-se" com o propósito de adorar, no sentido que definimos, ocorre apenas três vezes nas cartas paulinas, todas em 1Coríntios e sempre no contexto de corrigir algum abuso. A primeira ocorrência, em 1Coríntios 11:17-34, ocorre em um contexto em que Paulo está admoestando "os que têm" sobre como devem tratar "os que nada têm" (a ideia expressa no v. 22) durante a ceia do Senhor. Aqui, a ideia de "reunir-se" ocorre cinco vezes (v. 17,18,20,33,34); no versículo 33, Paulo especifica: "Quando vocês se reunirem para *comer*...", uma referência óbvia à ceia do Senhor, que vinha sendo um ponto de discórdia.

A segunda ocorrência dessa terminologia se dá no capítulo 14 (v. 23,26), em que Paulo corrige o entusiasmo singular dos coríntios ao falar em línguas na igreja. Devemos notar também o versículo 19, no qual ele diz: "na igreja prefiro falar cinco palavras compreensíveis para instruir os outros a falar dez mil palavras em línguas", e o versículo 33, no qual ele se refere ao que acontece "em todas as igrejas dos santos", no ambiente específico das reuniões.

A terceira ocorrência se dá na difícil sentença de 1Coríntios 5:3-5, que trata da excomunhão de alguém que está vivendo de forma incestuosa. Paulo afirma (de forma literal): "Quando vocês e meu espírito se reúnem juntos pelo poder do Senhor Jesus...". O que ele quer dizer especificamente é uma questão bastante debatida, como vocês podem imaginar, mas há pouca dúvida de que esteja se referindo ao encontro de toda a igreja. Muito provavelmente, Paulo entende estar presente pelo Espírito Santo, já que sua carta, que ele acredita funcionar como uma palavra profética no meio deles (14:37), está sendo lida no culto.

É importante observar que, em duas dessas instâncias (11:20; 14:23), Paulo menciona o fato de eles "ajuntarem-se no mesmo lugar", enquanto em 14:23 ele ressalta que "toda a igreja" está se reunindo dessa forma. Mais adiante, em 1Coríntios 14:26, Paulo especifica algumas atividades da igreja assim reunida: "Quando vocês se reúnem", diz ele, "cada um de vocês tem um salmo, ou uma palavra de instrução, uma revelação, uma palavra em língua ou uma interpretação". Gosto de pensar que deveríamos adicionar "e assim por diante" a essa lista, já que Paulo fala em seguida não apenas sobre as línguas e sua interpretação, mas também sobre "profecias e discernimento de profecias", que não foram citadas no versículo 26 (embora seja possível que "revelação" inclua as profecias).

Ainda que sejam os únicos textos onde esse tema específico ocorra, há pelo menos outras cinco passagens — e muitas outras também — que falam do culto cristão.

1) Paulo faz referência à ceia do Senhor em outros dois lugares de 1Coríntios. Em 10:16-22, ele argumenta que os coríntios não podem participar da mesa do Senhor e depois se juntar aos vizinhos para participar da mesa dos templos pagãos, já que isso significaria comer em comunhão com os demônios.

2) De forma mais alusiva, em 1Coríntios 10:1-4, Paulo imagina Israel no deserto tendo uma forma própria de batismo e de ceia do Senhor. Sobre a última, referindo-se ao maná e à água que saía da rocha, ele afirma: "Todos comeram do mesmo alimento espiritual e beberam da mesma bebida espiritual".

3) Em 1Coríntios 11:4-5, Paulo refere-se primeiro aos homens e depois às mulheres "orando e profetizando". Embora essa passagem não mencione o culto em si, tanto a linguagem como a localização da carta sugerem um contexto de igreja. Na passagem seguinte, ele corrige os abusos que estão acontecendo na ceia do Senhor e inicia o versículo 17 afirmando: "Nisto que lhes vou dizer não os elogio, pois as reuniões de vocês mais fazem mal do que bem". Disso podemos inferir que o que é dito antes também se refere a essas reuniões.

4) Finalmente, nas passagens "gêmeas" de Colossenses 3:16 e Efésios 5:18-20, Paulo fala sobre eles serem cheios do Espírito para ensinar e admoestar uns aos outros com cânticos de todos os tipos enquanto louvam e rendem graças a Deus. O que deixa claro que se trata de uma referência ao culto cristão não é apenas a menção a ensinar e cantar, mas o fato de que, em Colossenses 3:16, ele cita especificamente a "palavra de Cristo" habitando no meio deles enquanto ensinam e aconselham uns aos outros por meio de cânticos.

A essas claras alusões ao culto cristão, podemos adicionar algumas referências indiretas, especialmente passagens que falam da "igreja que se reúne em sua casa" ou "na casa dela" (Romanos 16:5;

1Coríntios 16:19; Colossenses 4:15), bem como as que atestam ou inferem que Paulo esperava que suas cartas fossem lidas nas reuniões do povo de Deus (por exemplo, Colossenses 4:16 — as cartas aos colossenses e aos laodicenses deveriam ser trocadas e lidas nas igrejas), e ainda a doxologia no final de Filipenses e a bênção final em todas as suas cartas — ambas funcionam melhor em um contexto de culto.

2. O QUE PODEMOS APRENDER COM ESSES DADOS

Ao prosseguirmos para a análise dessas informações, devemos começar observando quão pouco aprendemos sobre muitas coisas que nos interessam.

Por exemplo, não aprendemos nada sobre questões como tempo, frequência, tamanho, ordem e liderança. As referências às igrejas que se reuniam em várias casas indicam que a *ekklesia* do mundo grego era bastante flexível, de modo que, embora em algumas passagens possam referir-se apenas ao povo em si, em outras também se referem à reunião dessas pessoas, como no grego do Antigo Testamento. Mas estamos no escuro com relação a esses encontros. Até mesmo a linguagem de 1Coríntios 14:23, que se refere a "toda a igreja" reunida, é ambígua, pois não sabemos se está se referindo a toda a igreja que se reúne em determinada casa ou a todos os cristãos de Corinto — provavelmente pessoas que se congregavam em cultos que aconteciam em casas diferentes — reunidos em um lugar maior. Se a referência é às casas, então cada reunião era relativamente pequena para nossos padrões, já que a arqueologia ainda não descobriu nenhuma casa em Corinto capaz de abrigar confortavelmente mais de cinquenta pessoas em seu átrio. Se a referência é à reunião de todas as pessoas que frequentavam as casas, então a questão é onde e como isso acontecia.

Quanto à *participação*, aprendemos que homens e mulheres participavam igualmente, já que isso é dito de forma específica em 1Coríntios 11:4-5 e inferido nas frases "se todos falarem em línguas" (1Coríntios 14:22-23) e "todos podem profetizar, cada um por sua vez" (v. 31). Além disso, aparentemente, havia muita espontaneidade espiritual em toda a comunidade. Isso é inferido de forma clara na descrição de 14:26 e confirmado na exposição sobre profecia e discernimento dos versículos 29-32, com a admoestação de que "o Espírito/o espírito dos profetas está sujeito aos profetas".

Embora possamos supor que havia uma ou mais pessoas *liderando* essa espontaneidade, não fazemos ideia de quem eram, nem de como isso acontecia. A ênfase de Paulo está na participação (pelo menos potencial) de todo o corpo. Isso também significa, adiantando o próximo tópico, que o papel do Espírito, que capacitou homens e mulheres igualmente para que pudessem falar à comunidade, dificulta qualquer tentativa nossa de buscar na sinagoga judaica maior esclarecimento sobre o assunto, porque na sinagoga eles não apenas cultuavam em antecipação à vinda do Espírito — e, portanto, sem ele —, como também não havia lugar ou uma forma de participação feminina.

Assim, o que nos resta são referências a várias "atividades", na falta de um termo melhor, bem abrangentes — desde a participação na ceia do Senhor até os cânticos e também as várias formas de ministração (oração, profecia e discernimento de profecias, línguas e sua interpretação e ensino, inclusive a leitura das cartas de Paulo). Contudo, há ambiguidade suficiente em cada uma dessas áreas para nos levar a sermos cuidadosos com nossas declarações.

Para nós, o mais difícil é saber, em primeiro lugar, se essas várias referências proporcionam tudo o que precisamos saber sobre o culto deles; e, em segundo, se os dois tipos bem distintos de atividades — participar da ceia do Senhor e ministrar e cantar — ocorriam na mesma reunião ou em diferentes tipos de encontro. À luz da rápida referência a "orar e profetizar", em 1Coríntios 11:4-5, seguida imediatamente pela correção da ceia do Senhor, interligadas por introduções semelhantes nos versículos 2 e 17, estou inclinado a pensar que essas duas atividades (profetizar e ceia) ocorriam na mesma reunião; mas tal inclinação passa longe da certeza.[1]

No entanto, parece claro, em todas essas referências, que as "atividades" do culto eram duplamente direcionadas — a Deus, por um lado, e à comunidade, por outro. É provavelmente dessa forma que devemos entender a referência a "orar e profetizar", em 1Coríntios 11:4-5, passagem em que a oração representa um discurso direcionado a Deus, e a profecia, um discurso voltado para a comunidade. De forma similar, os cânticos em Colossenses 3:16 e Efésios 5:18-20 envolvem "ensinar e a admoestar uns aos outros" e também "render graças a Deus". Da mesma forma, de acordo com 1Coríntios 10:16-22, a comunhão na ceia do Senhor envolve participação no Senhor e participação no Corpo de Cristo, que Paulo interpreta como sendo a igreja.

Assim, tudo indica que a adoração nas comunidades paulinas era bem variada e que havia uma combinação de atividades espontâneas e planejadas maior do que nas igrejas de hoje. O louvor, que incluía "salmos, hinos e cânticos espirituais", provavelmente se refere tanto aos louvores sob a inspiração do Espírito como aos individuais ("cada um de vocês tem um salmo"), assim como as canções previamente compostas e cantadas por todos. A ministração incluía a oração direcionada a Deus e também as línguas e sua interpretação, que, quando públicas, Paulo entendia como uma ação de graças direcionada a Deus e interpretada para o povo. Incluía ainda todo tipo de palavra dirigida aos presentes, bem como as declarações inspiradas, como profecias e revelações, uma mensagem de sabedoria e conhecimento ou um ensinamento espontâneo, além da leitura das cartas de Paulo, que também implicavam a leitura do Antigo Testamento.

É muito provável, podemos finalmente acrescentar, uma vez que o contexto de 1Coríntios 12 e 14 é a adoração da comunidade, que

---

[1] Tal visão é apoiada, pelo menos em parte, na descrição do filósofo judeu Fílon de Alexandria sobre a adaptação judaica do simpósio grego, em que uma refeição era seguida de um discurso e de cânticos (veja *On the contemplative life*, p. 70-2).

as reuniões na presença do Espírito também incluíam de forma frequente uma variedade de fenômenos sobrenaturais não verbais, como curas, milagres e momentos especiais de fé. Isso é confirmado não apenas pela forma como Paulo descreve as manifestações do Espírito em 12:7-11 (a cada um é dada uma manifestação, com vistas ao bem comum), mas também pelo fato de em Gálatas 3:5 Paulo dizer especificamente que, ao conceder o Espírito aos cristãos da Galácia, Deus opera milagres entre eles. Não significa que o "culto" fosse o único contexto para tal atividade do Espírito, mas, sem dúvida, era um dos principais contextos.

Ao juntar todas essas observações, temos de admitir que não sabemos muito, mas apenas o suficiente para ficarmos totalmente intrigados. Quem não adoraria ser uma mosca em meio às reuniões do povo de Deus em uma das primeiras igrejas gentílicas sob a jurisdição de Paulo? Minha sugestão é que ficaríamos perdidos sobre onde estaríamos, já que a ceia do Senhor acontecia no contexto de uma refeição conjunta, e o culto era caracterizado por bastante espontaneidade guiada pelo Espírito. Sempre imaginei que, se os papéis fossem trocados (*i.e.*, se Paulo pudesse ser a proverbial mosca de uma de *nossas* reuniões, seja uma bem litúrgica, seja uma batista ou presbiteriana), será que o apóstolo entenderia estar entre cristãos reunidos para adorar a Deus? No entanto, recuso-me a fazer mais do que imaginar, pois simplesmente não sabemos o suficiente para dar essa resposta.

Sou levado, então, à questão do papel do Espírito Santo em todas essas atividades, provavelmente o fator que mais nos distancia da adoração nas comunidades paulinas.

3. O PAPEL DO ESPÍRITO

O mais notável em todas as evidências disponíveis sobre a adoração nas comunidades paulinas é o denominador comum da presença e do poder do Espírito Santo. Isso fica claro, de forma abundante, na longa discussão de 1Coríntios 12—14, passagem em que Paulo se refere às várias atividades mencionadas como "dadas pelo Espírito Santo". O mesmo e único Espírito, segundo ele, é distribuído a cada um conforme quer (12:11); a pessoa que fala em línguas fala mistérios pelo Espírito, acrescenta ele (14:2); orar e cantar com o Espírito/o espírito, prossegue ele em 14:14-16, significa que o Espírito Santo, por meio das línguas, louva e rende ação de graças a Deus por meio do próprio espírito de Paulo.

A última passagem provavelmente nos oferece uma pista sobre as expressões incomuns de 1Coríntios 5:3-5. Embora muitas traduções afirmem o contrário, Paulo não diz "como se eu estivesse presente", querendo dizer que, por não estar lá fisicamente, não se encontrava presente de fato. Ao contrário, ele diz, de forma clara, que está *de fato* presente quando eles se reúnem. Sua forma de se expressar corresponde a dizer: "Meu Espírito está presente". Como, em 14:37, ele dá a entender que o que está escrevendo para eles nessa carta é como uma palavra profética inspirada pelo Espírito, é provável que se visse presente por meio do Espírito Santo enquanto sua carta era lida no meio deles.

Portanto, parece certo que as várias atividades espontâneas mencionadas em 1Coríntios 14:26, "onde cada um de vocês tem algo que contribui para a edificação do corpo", sejam entendidas como inspiradas pelo Espírito. O todo do argumento dele significa que o "ensino" mencionado em 14:6 e 14:26 não é um sermão nem uma lição que havia preparado, e sim algo espontaneamente concedido, por inspiração do Espírito. Embora não possamos afirmar com certeza, é possível que Paulo entendesse a *profecia* como um tipo de *revelação*, muito provavelmente do tipo mencionado em Gálatas 2:2, levando Paulo a subir até Jerusalém e se consultar com os líderes de lá. Já o *ensino*, de acordo com Colossenses 3:16, tem a "mensagem sobre Cristo" como conteúdo principal, dando a entender o ensino contido nas cartas, nos cânticos e nas falas inspiradas com foco no evangelho e em suas ramificações (afinal, ambos ensinam *e admoestam* uns aos outros).

Mais difícil de avaliar é o papel do Espírito na ceia do Senhor. Precisamos começar observando que a palavra "Espiritual", segundo o uso paulino, não se refere a algo "místico", "religioso" ou "interno" com relação ao espírito humano, mas principalmente (se não totalmente) ao Espírito Santo. Portanto, devemos entender a analogia entre Israel e a ceia do Senhor, segundo a qual "comida e bebida espiritual" aludem ao entendimento de Paulo sobre o Espírito presente quando os cristãos comiam o pão e bebiam o vinho na ceia.

No entanto, é difícil analisar de que forma exata o Espírito se fazia presente. É pouco provável que Paulo acreditasse que ele, de alguma forma, "invadisse" o pão e o vinho em propriamente ditos. É mais provável que entendesse que o papel do Espírito era estar presente para criar e empoderar a dupla *koinonia* (participação/comunhão) entre os cristãos e seu Senhor — e também uns com os outros — enquanto comiam o pão e bebiam o vinho. Afinal, pela perspectiva de Paulo, o Espírito é o responsável pela criação da igreja como o corpo de Cristo, representado em nossa "comida espiritual", e é o agente da Nova Aliança, representada em nossa "bebida espiritual".

A chave para tudo isso é, sem dúvida, a compreensão mais ampla de Paulo sobre o Espírito como uma renovação da presença de Deus, tanto individualmente como entre seu povo. Para Paulo, a ressurreição de Cristo e o dom do Espírito significavam que a era final, messiânica, havia chegado. Na compreensão paulina, o Espírito era a evidência da presença do futuro e a garantia de sua consumação final. A vinda do Espírito significava que a nova aliança, prometida a Jeremias e Ezequiel, quando Deus colocaria seu Espírito dentro do coração de seu povo e este viveria e obedeceria a ele, se cumprira. Da mesma forma, a vinda do Espírito significava que a profecia de Joel se cumprira, e agora todo o povo de Deus — velhos e jovens, homens e mulheres, escravos e livres — podia atuar como profeta.

Portanto, a chave para a adoração deles pode ser encontrada em passagens como 1Coríntios 3:16-17, em que Paulo os conclama a reconhecer o que estão destruindo com sua sabedoria meramente humana e suas divisões: o templo de Deus em Corinto, a própria igreja. "Vocês não sabem quem são?", pergunta ele. "Vocês são o templo de Deus em Corinto, o lugar que o Deus vivo e eterno escolheu para habitar nesta cidade. E vocês são esse templo justamente porque o Espírito de Deus habita entre e dentro de vocês". Por isso, quando a igreja se reúne, argumenta Paulo mais adiante, ele próprio também está presente pelo Espírito, assim como o poder do Senhor Jesus, por meio desse mesmo Espírito.

Não é de admirar, portanto, que Paulo veja tudo que acontece em tais encontros como operação do Espírito Santo.

4. A ADORAÇÃO E A TRINDADE

Isso me leva, finalmente, a olhar com calma as passagens "gêmeas" de Colossenses 3:16 e Efésios 5:18-20. Meu objetivo é duplo: observar o papel dos cânticos na adoração das comunidades paulinas e mostrar que a adoração verdadeiramente cristã é, de forma fundamental, trinitariana.

Colossenses 3:16 aparece na conclusão de uma série de exortações (v. 12-17) que indicam o que significa, para os cristãos de Colossos, viver como aqueles que "ressuscitaram com Cristo" (v. 1). Já Efésios 5:18-20 constitui uma palavra de transição entre a longa lista de exortações gerais, que têm início em 4:17, e as mais específicas, que tratam das relações nos lares cristãos.

São passagens cheias de informações intrigantes sobre a adoração nas comunidades paulinas. Começo observando o que aprendemos com as *exortações introdutórias* ("que a palavra de Cristo habite ricamente entre vocês" e "sejam cheios com o Espírito").

Em primeiro lugar, tudo o que esteja relacionado aos contextos e à linguagem de ambas as sentenças em questão indica que Paulo está refletindo sobre a comunidade cristã. Esses conselhos não são para o indivíduo cristão, mas para os cristãos como povo de Deus e em suas relações uns com os outros. Em Colossenses 3, isso fica especialmente claro. A começar do versículo 12, tudo tem a comunidade em vista, já que tudo é para "o outro" ou à luz do outro. Assim, de acordo com a exortação anterior (v. 15), que define o padrão para a exortação seguinte, eles devem permitir que a paz de Cristo reine no coração deles, pois isso é o que foram chamados para fazer juntos, como um só Corpo.

O versículo 16 vê essas relações no contexto do povo de Deus reunido no culto, no qual devem ensinar e admoestar *uns aos outros*, de forma que a palavra de Cristo habite "neles" ricamente. Isso significa que a locução prepositiva "em/entre vocês", embora modifique o verbo "habitar" e, em geral, signifique "entre vocês", aqui quer dizer "em seu meio". A "palavra de Cristo", que habita, portanto, de duas formas — "ensinar e admoestar uns aos outros" e "cantar para Deus" —, está relacionada com a igreja no culto.

Esse contexto comunitário, embora não seja tão preciso, é ao menos inferido em Efésios, já que toda a passagem de 4:1 até o capítulo 6 fala da vida em comunidade e de como eles devem "conservar a unidade do Espírito pelo vínculo da paz" (Efésios 4:3).

Em segundo, nesse mesmo contexto, é importante observar que os verbos "ensinar e admoestar" são os mesmos que Paulo utiliza em Colossenses 1:28 para descrever seu ministério. Aqui, portanto, há uma clara evidência de que Paulo não considerava o "ministério" algo reservado apenas aos apóstolos ou a pessoas com algum cargo. Como é dito em uma de suas primeiras cartas (1Tessalonicenses 5:14), essas atividades na reunião cristã são de responsabilidade de todos os cristãos.

Isso também está de acordo com o cenário que surge em 1Coríntios 14:26, em que Paulo os admoesta de forma pressuposicional: "Quando vocês se reúnem, *cada um de vocês* tem um hino [etc.] [...] para a edificação da igreja".

Em terceiro, a preocupação principal da exortação na passagem de Colossenses é com a "palavra de Cristo". Nos escritos paulinos, isso significa, invariavelmente, "a mensagem do evangelho, cujo foco central é Cristo". Afinal, esse é o assunto principal da carta: Cristo, a encarnação de Deus; Cristo, o Todo-poderoso; Cristo, Criador e Redentor. Agora Paulo deseja que essa "palavra de Cristo", que ele já introduziu em 3:15-23, "habite no meio de vocês ricamente".

Ao assim proceder, eles retratam justamente o que aprendemos sobre a adoração em 1Coríntios 14:4-5: parte de suas atividades será voltada para os outros (ensinar e admoestar uns aos outros) e parte será voltada para Deus (cantar a Deus com o coração). Portanto, as "riquezas" do evangelho estarão "ricamente" presentes entre eles. A estrutura da frase como um todo indica que hinos de todos os tipos desempenham papel significativo nessa riqueza.

Em quarto lugar, a passagem paralela de Efésios explicita o que já teríamos sugerido de qualquer forma, ou seja, que Paulo considera todas essas atividades resultado de eles serem cheios do Espírito. Portanto, ainda que devamos entender o adjetivo "Espiritual" como se referindo às várias expressões do cântico, os cânticos espirituais são, no mínimo, uma expressão da presença do Espírito, cuja "plenitude" guia e inspira toda a adoração, em suas diversas expressões.

Quando nos voltamos dessas expressões introdutórias para o resto das duas sentenças, aprendemos ainda mais sobre como Paulo entendia a adoração inspirada pelo Espírito.

1) Devemos observar, antes de tudo, que, onde o Espírito de Deus está, aí também está o cântico. A igreja do primeiro século caracterizava-se por seus cânticos, assim como uma nova hinódia irrompe em todas as gerações que experimentam renovo do Espírito. Alguns desses hinos não são muito duradouros, mas outros se tornam um tesouro perene de ensino e admoestação e também de constante adoração ao Deus Pai e ao Deus Filho, sob a inspiração do Espírito Santo.

2) Contudo, dito isso, é questionável se estamos enfim aptos a distinguir, com precisão, as três palavras utilizadas para descrever o cântico. O "salmo", por exemplo, também pode indicar os salmos do Antigo Testamento, agora integrados ao culto das comunidades cristãs, mas seria ousado limitá-lo a isso. Afinal, é a palavra utilizada para se referir ao cântico (aparentemente) mais espontâneo de 1Coríntios 14:26, e o verbo correspondente é utilizado da mesma forma em

1Coríntios 14:15, na referência ao ato de "adorar a Deus" com línguas inspiradas pelo Espírito e também com a mente. Portanto, embora o uso neotestamentário esteja indiscutivelmente condicionado ao fato de que os hinos de Israel eram chamados "salmos", não existem boas razões para se entender essa expressão como limitada àqueles hinos. O que a palavra sugere é uma canção que adora a Deus.

O mesmo ocorre com a palavra "hino". No mundo grego, essa palavra era utilizada para se referir exclusivamente às canções dedicadas a deidades e heróis e, portanto, jamais seria utilizada para se referir às músicas em um restaurante, por exemplo. Assim, o termo "hinos" também se referia à adoração cantada a Deus ou a respeito dele ou, no caso do Novo Testamento, também a Cristo ou respeito dele, como se vê nas claras evidências de Apocalipse.

A terceira palavra, "cânticos", cobre toda a variedade de canções, e Paulo as qualifica aqui em referência ao Espírito. Como já mencionamos, o adjetivo *pneumatikos* ("espiritual") em Paulo quase sempre se refere ao Espírito, direta ou indiretamente. Aqui em particular, o significado comum prevalece. Estamos lidando com canções inspiradas pelo Espírito, provavelmente a indicação de um tipo de "hinódia carismática", igual àquela aludida em 1Coríntios 14:15-16,26, ou seja, canções espirituais e, portanto, espontâneas, oferecidas no contexto da adoração congregacional.

Portanto, embora "Espiritual" possa modificar todos os três substantivos — os salmos e hinos também seriam "do Espírito' —, é mais provável que a intenção seja modificar apenas os "cânticos", remetendo-se, especialmente, a esse tipo de cântico espiritual. Os destinatários da carta provavelmente associariam essa palavra à adoração, já que cobria toda a variedade de "músicas" no mundo grego, enquanto as outras duas geralmente são dedicadas a deidades.

3) É provável que tenhamos fragmentos desses salmos, hinos e cânticos espirituais inseridos nos documentos neotestamentários. O livro de Apocalipse, por exemplo, é cheio de "novos cânticos" a Deus e ao Cordeiro. Esse é também muito provavelmente o caso de Efésios 5:14 e 1Timóteo 3:16, porém o fato ainda mais significativo

sobre essa carta é que, na opinião da maioria dos estudiosos do Novo Testamento, Colossenses 1:15-18 também é um hino sobre Cristo. Se isso for verdade, e não há motivos para pensar o contrário, também explicaria a razão de Paulo considerar esses vários tipos de hinos e cânticos espirituais meios para "ensinar e admoestar uns aos outros". Tais canções são credais, cheias de significado teológico, e nos dão evidências sobre aquilo em que a maioria dos primeiros cristãos realmente acreditava acerca de Deus e de seu Cristo.

4) O contexto para essa adoração bidimensional, ou seja, dos hinos que são dirigidos a Deus, mas que, ao mesmo tempo, também servem para ensinar e admoestar uns aos outros, pode ser encontrado nos salmos do Antigo Testamento. Lá, encontramos dezenas de hinos voltados a Deus na segunda pessoa, mas que também contam com trechos na terceira pessoa, exaltando a grandeza ou a fidelidade de Deus para com aqueles que o adoram.[2]

A utilização de hinos nos documentos do Novo Testamento indica que eles também funcionavam de maneira bidimensional na igreja do primeiro século. A maioria é sobre Cristo, tanto para adorá-lo como para instruir o povo de Deus. A implicação clara de 1Coríntios 14:15-16,26 é que os "cânticos espirituais" nas comunidades paulinas também devem ser compreendidos dessa forma. Cantar "com a mente" (= cantar palavras inteligíveis pelo Espírito) é entendido como adoração a Deus e algo a que todos os outros respondem com "amém"; e o "salmo" mencionado em 14:26 é voltado à "edificação" dos outros. Infelizmente, muitos cristãos contemporâneos não pensam em seus cânticos dessa forma e acabam perdendo a dimensão de uma das principais razões que nos levam a cantar.

---

[2] Isso acontece ao longo do livro de Salmos (veja, por exemplo, o salmo 30, que oferece louvores a Deus na segunda pessoa nos versículos 1-3, e depois encoraja os cânticos na parte da "congregação" nos versículos 4-5, baseando-se no fato de que "o seu favor dura a vida toda", e volta a falar na segunda pessoa nos versículos 6-9). Cf. *inter alia* Salmos 32, 66, 104, 116; e muitos outros hinos que convidam a congregação a adorar a Deus por seu caráter e maravilhosos feitos.

5) Permita-me concluir observando que Colossenses 3:16 é, mesmo em sua forma não reflexiva, um texto crucialmente "trinitariano". Há mais uma porção de textos assim em Paulo. Mas, diferentemente dos outros, onde o Pai inicia a salvação que o Filho efetiva e o Espírito a aplica, aqui a ordem é invertida. Cristo ainda desempenha o papel principal, por isso eles devem permitir que a "palavra de Cristo" habite ricamente no meio deles, porém o mesmo Espírito que "aplica" a salvação agora auxilia também na iniciativa de resposta por meio de canções inspiradas por ele, que refletem a mensagem de Cristo, e tudo isso para louvar a Deus.

O Deus que nos criou e redimiu é digno de todo o louvor. O Espírito presente na criação do mundo e que se fez presente para nos trazer vida na redenção agora nos guia no louvor e na adoração de nosso Redentor e Criador. Em Paulo, portanto, nossa adoração é tão trinitariana quanto nossa experiência com Deus e nossa teologia. Obviamente, é a presença do Espírito entre nós enquanto nos reunimos em nome de Cristo que faz isso.

CAPÍTULO 9

Delineando uma teologia paulina da glossolalia

Diga "salvação pela graça" e, imediatamente, as pessoas pensarão no apóstolo Paulo; mas mencione "falar em línguas", e a maioria das pessoas pensará nos "pentecostais" ou nos "carismáticos". E isso apesar de Paulo afirmar que falava em línguas mais do que os próprios coríntios. Esse rápido exercício demonstra, em parte, que a maioria de nós lê o Novo Testamento pelos filtros de nossa experiência na igreja. Além disso, essa forma instintiva de ouvir a palavra "glossolalia" é injusta com Paulo e com os que atualmente experimentam essa expressão (muito bíblica) da Espiritualidade.[1]

Embora existam muitas razões para que alguns cristãos contemporâneos se sintam desconfortáveis com esse fenômeno ou o rejeitem por completo (por medo do diferente, da falta de apreço por qualquer coisa que não seja abertamente racional, pelas experiências ruins com os carismáticos etc.), pelo menos uma das razões deriva do fato de que os pentecostais têm muita experiência no assunto, mas pouca reflexão

---

[1] O uso da palavra em letra maiúscula reflete minha preocupação com seu sentido na Bíblia, na qual se apresenta como adjetivo utilizado para se referir ao Espírito Santo. Sobre esse assunto, veja Fee, *God's empowering presence, the Holy Spirit in the letters of Paul* (Peabody: Hendrickson, 1994), p. 28-32, 641-3.

teológica.² Além disso, a abordagem pentecostal com relação a esse fenômeno denota certo grau de triunfalismo, o que o torna pouco atrativo para muita gente. Esse triunfalismo, tão difícil de conciliar com a teologia paulina, provavelmente levou alguns a descartarem essa forma de louvor e de oração (1Coríntios 14:15-17), por julgarem que não era importante para o próprio Paulo.

O objetivo deste capítulo³ é demonstrar que qualquer sentido triunfalista da glossolalia está fora do entendimento de Paulo e que o apóstolo se refere de forma tão positiva a esse dom em 1Coríntios 14 justamente por se encaixar com perfeição no todo de sua teologia e de sua experiência com o Espírito. Infelizmente, muitas pessoas afirmam o contrário, como se Paulo estivesse "menosprezando as línguas". Mas tal visão se baseia em uma interpretação equivocada do contexto paulino. O que Paulo critica — de forma implacável — é a experiência da glossolalia na comunidade quando não há intérprete. No entanto, o que ele diz sobre o dom em si, inclusive sua experiência pessoal com ele, é sempre positivo. Infelizmente, a máxima paulina não é adotada pela maior parte daqueles que dizem seguir seus passos:

---

² Isso não é totalmente verdade, é claro. Em boa parte da literatura pentecostal antiga, havia seções que debatiam "o porquê das línguas" ou "o valor das línguas", que, em geral, assumiam a forma de reflexão teológica; cf., mais recentemente, Robert W. Graves, *Praying in the spirit* (Old Tappan: Chosen, 1987), p. 38-43. Também estou ciente de que essa não foi a primeira tentativa de se fazer uma "teologia da glossolalia" (veja, *e.g.*, J. Massingberd Ford, "Toward a theology of 'speaking in tongues'", *Theological Studies*, n. 32 (1971), p. 3-29, cuja jornada pela literatura judaica a levou a um entendimento das línguas como a maneira de Deus recriar o órgão necessário para o louvor); cf. Frank D. Macchia, "Sighs too deep for words: toward a theology of glossolalia", *Journal of Pentecostal Theology*, n. 1 (1992), p. 47-73. Macchia apresenta quatro razões teológicas para esse dom.

³ O conteúdo deste artigo foi originalmente preparado como uma contribuição ao meu amigo de longa data e outrora colega na Assembleia de Deus norte-americana, Dr. William W. Menzies; cf. W. Ma e R. P. Menzies, *Pentecostalism in context: essays in honor of William W. Menzies* (Sheffield: Sheffield Academic Press, 1997), p. 24-37.

"Farei os dois; orarei no Espírito [*i.e.*, em línguas] e orarei com o meu entendimento."

A tese deste capítulo é que a compreensão que Paulo tinha da glossolalia pode ser encontrada no paradoxo de 2Coríntios 12:9, o "poder [de Deus] se aperfeiçoa na fraqueza [humana]", e que falar em línguas reflete, portanto, uma condição de fraqueza, não de força. Assim, proponho-me a: 1) apresentar um breve panorama sobre o tema do poder e da fraqueza em Paulo; 2) examinar os dados paulinos sobre a glossolalia em 1Coríntios; 3) demonstrar que esses dados correspondem à referência crítica de Paulo à oração no Espírito, em Romanos 8:26-27; 4) mostrar como esses dados sobre "orar no Espírito" se encaixam no tema da força na fraqueza.

1. O CONTEXTO

Aquele que não reconhece o papel crucial desempenhado pelo Espírito em todo o empreendimento teológico de Paulo tem um conhecimento pobre sobre o apóstolo e seu evangelho,[4] pois fundamental para esse papel central do Espírito é o panorama escatológico no qual Paulo tanto experimentou como entendeu o Espírito. O dom do Espírito derramado, que desempenhou papel fundamental nas expectativas escatológicas do apóstolo — e de outros —, veio a lhe servir, com a ressurreição de Cristo, como causa principal de sua perspectiva escatológica radicalmente transformada. Por um lado, a vinda do Espírito cumpre as promessas escatológicas do Antigo Testamento e é a prova segura de que o futuro já começou. Por outro lado, como a expressão final do *Eschaton* ainda não aconteceu, o Espírito também serve como garantia da glória final. É impossível entender a ênfase de Paulo à vida experimentada pelo Espírito à parte da perspectiva escatológica que influenciou seu pensamento.

---

[4] Sobre esse assunto, veja Fee, *Presence, passim*.

É nesse contexto que devemos entender a ambivalência inerente aos temas do "poder" e da "fraqueza" encontrados nas cartas paulinas. Na verdade, "poder" é um termo um tanto elusivo nos textos de Paulo. Por um lado, refere-se, em geral, a manifestações claramente visíveis que evidenciam a presença do Espírito (por exemplo, 1Coríntios 2:4-5; Gálatas 3:5; Romanos 15:19). As evidências de 1Tessalonicenses 5:19-22, 1Coríntios 12—14, Romanos 12:6 e especialmente Gálatas 3:2-5, com seu apelo prático à contínua presença de milagres nas igrejas, confirmam que as comunidades paulinas eram "carismáticas", ou seja, contavam com a dinâmica presença do Espírito, que se manifestava em seus encontros.[5] E, mesmo onde "poder" significa que os cristãos apreendem e vivem o amor de Cristo de melhor forma (Efésios 3:16-20), Paulo reconhece uma ação milagrosa do Espírito, evidenciada pela forma como as pessoas se tratam. Seja como for, o Espírito era experimentado nas comunidades paulinas; não era simplesmente um assentimento credal.

Por outro lado, Paulo também assume uma correlação bastante próxima entre o poder do Espírito e nossa atual fraqueza. Passagens como Romanos 8:17-27, 2Coríntios 12:9 e Colossenses 1:9-11[6] indicam que o Espírito é visto como fonte de empoderamento em meio à aflição ou à vulnerabilidade. Na visão de Paulo, "conhecer Cristo" significa conhecer "o poder de sua ressurreição e a participação em seus sofrimentos" em uma vida na qual o "já" significa estar "conforme ele em sua morte" e, então, prosseguimos para o "ainda não" — o prêmio final (Filipenses 3:9-14). É dessa forma, aliás, que provavelmente devemos entender o duplo *kai* ("e"), que se segue à ideia de conhecê-lo nessa passagem. Não são três coisas

---

[5] Sobre esse assunto, veja J. D. G. Dunn, *Jesus and the spirit* (Philadelphia: Westminster, 1975), p. 260-5; cf. Fee, *Presence*, p. 894-5.

[6] Para a exegese dessas passagens, veja Fee, *Presence, ad loc*. Nessa última passagem, Paulo ora para que os colossenses sejam cheios de toda a sabedoria e de todo o entendimento do Espírito, para que andem de maneira digna de Cristo, uma dimensão que inclui "ser fortalecido com todo o poder, para que tenham perseverança e paciência".

que Paulo deseja conhecer, mas apenas uma: Cristo, mas em um contexto que significa conhecê-lo de duas formas simultaneamente, tanto no poder de sua ressurreição como na participação de seus sofrimentos.[7] Sofrer quer dizer ser como o próprio Senhor, seguir seu exemplo e, portanto, completar "o que resta das aflições de Cristo" (Colossenses 1:24).

Mesmo assim, Paulo também espera que as demonstrações mais visíveis do poder de Deus por meio do Espírito se manifestem em meio à fraqueza, como uma "prova" divina de que seu poder reside na mensagem do Messias crucificado. Assim, em 1Coríntios 2:3-5, Paulo pode apelar simultaneamente para a realidade das próprias fraquezas e para o poder do Espírito manifestado em suas pregações e na conversão dos coríntios; e em 1Tessalonicenses 1:5-6 ele lembra os novos cristãos de que eles se tornaram assim graças ao poder do Espírito, mas em meio ao sofrimento, embora acompanhado pela alegria do Espírito Santo.

Tudo isso reflete o entendimento escatológico básico de Paulo da existência cristã como "já e ainda não", uma tensão que Paulo foi capaz de manter de formas que muitos cristãos depois dele não conseguiram. Para ele, não era simplesmente uma tensão em que o presente era todo de fraqueza, e o futuro (próximo), todo de glória. O futuro havia realmente invadido o presente, o que se evidenciava pelo dom do Espírito; e, como o Espírito significa a presença do poder de Deus, essa dimensão do futuro, em alguma medida, também já estava presente. Portanto, o sofrimento atual é uma marca do discipulado cujo paradigma é nosso Senhor crucificado. Mas o mesmo poder que ressuscitou o Crucificado dos mortos já está operando em nosso corpo mortal hoje.

É justamente esse paradoxo no entendimento de Paulo que cria tantas dificuldades para os modernos. De fato, mais do que

---

[7] Cf. a discussão em Fee, *Paul's letter to the Philippians* (Grand Rapids: Eerdmans, 1995), p. 327-36.

qualquer coisa, é a falha subsequente da igreja em abraçar tanto o poder como a fraqueza, simultânea e vigorosamente, que nos tem levado a tantas mudanças na vida espiritual da igreja ao longo dos séculos. Paulo — assim como os demais escritores do Novo Testamento — mantinha essas expressões de Espírito e poder em uma feliz tensão.[8] Assim, Paulo, em particular, abriu um caminho pelo "meio radical" muitas vezes ignorado tanto por evangelicais como por pentecostais, que, tradicionalmente, tendem a colocar sua ênfase em um lado ou em outro.[9]

Proponho, neste capítulo, essa posição de Paulo no "meio radical" escatológico como a chave para o entendimento que ele tinha da glossolalia, não apenas porque ele próprio se opunha tão diretamente aos coríntios, cujo encanto com as línguas e suposto triunfalismo aparentemente caminhavam de mãos dadas, mas também porque o que Paulo diz positivamente sobre as línguas caminha nessa mesma direção. Portanto, voltemo-nos, mais uma vez, para um exame (muito) breve dos dados paulinos.

2. OS DADOS PAULINOS

É sabido que Paulo só menciona o fenômeno da glossolalia ("falar em línguas") de forma específica em 1Coríntios 12—14; também é geralmente aceito, embora nem sempre da mesma forma, que a discussão de Paulo sobre esse fenômeno tinha como principal objetivo corrigir um abuso da parte dos coríntios, e não de instruí-los teologicamente em uma área na qual eles precisavam de um estudo mais aprofundado.

---

[8] Afinal, para Paulo, é justamente pela pregação do Crucificado que o poder de Deus opera no mundo (1Coríntios 1:18-25), e a pregação do apóstolo em um contexto de fraqueza, medo e temor atestou que o poder que levou à conversão dos coríntios estava na ação do Espírito, e não na sabedoria ou na eloquência do pregador.

[9] Para uma discussão mais aprofundada sobre essas duas tendências na igreja, veja *Presence*, p. 822-6.

Por isso há certa tenuidade em nossa tarefa de teologizar. O que temos de Paulo é seu interesse em corrigir os coríntios, não uma instrução ou reflexão completa sobre o assunto.

Apesar disso, diversas conclusões significativas podem ser extraídas a partir de uma cuidadosa análise dessa parte de 1Coríntios. Vou apenas listá-las aqui, mas elas serão desenvolvidas no próximo tópico:

1) Seja como for, a glossolalia é uma forma de expressão inspirada pelo Espírito, como 1Coríntios 12:7-11 e 14:2 deixam claro.

2) É discutível se Paulo também a entendia como um idioma terreno, mas, em linhas gerais, a evidência sugere que não.

3) É um discurso essencialmente ininteligível tanto para quem fala (14:14) como para os que ouvem (14:16), por isso as palavras devem ser interpretadas na assembleia.

4) As regulamentações para seu uso comunitário em 14:27-28 e a declaração, em 14:32, de que "o espírito dos profetas está sujeito aos profetas" deixam claro que quem fala não está em "êxtase" ou "fora de controle".

5) É um discurso dirigido basicamente a Deus (14:2,14-15,28), cujo conteúdo toma a forma de oração, cântico, bênção (= adoração) e ação de graças.

6) Embora não proíba seu uso na assembleia, Paulo, evidentemente, não a encoraja; em vez disso, ele insiste em que eles "busquem com dedicação" falar o que é inteligível para os outros e, portanto, profetizem (14:1,3-5,6,9,12,16,19,24-25,28).

7) Paulo tinha as línguas em grande estima, como um dom voltado para a oração privada (14.2,4a,15,17-18). Mesmo sendo ininteligível para quem fala, a oração "no Espírito" o edifica (14:4).

Meu objetivo é ressaltar as correspondências significativas entre essas conclusões (especialmente 1, 3, 4, 5 e 7) e o que Paulo diz sobre "orar no Espírito", em Romanos 8:26-27. Em meu estudo recente sobre o Espírito em Paulo, defendi com insistência que podemos alcançar o melhor sentido exegético e fenomenológico dessa passagem de Romanos se entendermos a intercessão do Espírito por nós "com gemidos inexprimíveis" principalmente como uma referência à glossolalia.[10]

O que me convenceu a mudar de ideia sobre o assunto[11] foi uma combinação de três circunstâncias: 1) As questões principais quanto ao que Paulo diz sobre o Espírito orar por meio de nós em Romanos 8:26-27 correspondem justamente à descrição que ele faz sobre orar em línguas em 1Coríntios 14:14-19. São elas: a) entende-se que o Espírito está orando no/por meio do cristão (cf. itens 1, 4 e 5, acima); b) entende-se que quem está orando não entende com a mente o que o Espírito está falando (cf. itens 2, 3 e 7). 2) A experiência que Paulo descreve em Romanos 8:26-27 como o "Espírito intercedendo com gemidos *alalētos*" é expressa de uma forma que deixa óbvio que ele está apelando para algo comum entre os primeiros cristãos (até porque, nesse caso, ele está escrevendo a uma igreja que o conhece apenas por reputação, e não pessoalmente). Mas, de fato, não há outra evidência, de qualquer tipo, no Novo Testamento — ou além dele — para tal fenômeno. A glossolalia, no entanto, apresenta todas as características de algo comum.[12] 3) No caso de Romanos, o uso que Paulo faz da expressão *stenagmos alalētos* (provavelmente, "gemidos

---

[10] Veja *Presence*, p. 575-86.

[11] Cf. meu artigo "Pauline Literature" [Literatura paulina], in: Stanley M. Burgess e Gary B. McGe (orgs.), *The dictionary of pentecostal and charismatic movements* (Grand Rapids: Zondervan, 1988), p. 665-83 (esp. p. 680).

[12] Para aqueles que apontam para o fato de ele tê-las mencionado apenas em 1Coríntios como evidência de que era um fenômeno específico dos coríntios, observo que: a) Paulo só menciona a ceia do Senhor em 1Coríntios, e também estava corrigindo um abuso (!); e b) a natureza do argumento de Paulo em 1Coríntios 12—14, assim como em 11:17-24, presume um fenômeno bastante conhecido e prático, que estava fora de controle em Corinto. Afinal, embora, obviamente, esteja adaptado à situação daquela comunidade, a descrição do culto cristão em 1Coríntios 14:26 apresenta todas as características de ser algo amplo, não apenas local. Aqui, devo acrescentar, reside o significado do final longo de Marcos (16:9-20), que reflete uma tradição muito antiga, mas não tem ligação evidente com Corinto. De forma bem resumida, essa antiga tradição diz, entre outras coisas, que "eles falarão em novas línguas".

inexprimíveis"), em vez de "glossolalia" (caso seja esse o fenômeno descrito ali), é puramente contextual e definido pela forma como é mencionado nos versículos 22-23 — o atual "gemido" da criação enquanto espera pelo "ainda não" da redenção final e dos cristãos que "se unem à criação" nesse "gemido". Portanto, apesar do uso de *alalētos*,[13] Paulo muito provavelmente não pretende descrever uma oração silenciosa, e sim uma oração profunda demais para o uso das palavras comuns da língua nativa de quem está orando. Por isso é "inarticulada", não no sentido de não "falar palavras",[14] mas no sentido de que o que está sendo dito não é entendido pela mente de quem fala.

De qualquer forma, o que Paulo descreve em Romanos 8:26-27 é, sem dúvida, uma forma de "oração no Espírito", a mesma linguagem que ele utiliza para "falar em línguas" em 1Coríntios 14:15-16.[15] Portanto, à luz dessas correspondências, nossa tentativa de teologizar esse fenômeno abarcará as informações de ambas as passagens e, por esse motivo, deve ser compreendida como "uma teologia da oração no Espírito", que, para Paulo, na maioria das vezes, teria sido "em línguas". Afinal, ele podia dizer sem provas, mas também sem medo de contradição: "Eu falo [oro] mais línguas que todos vocês" para uma congregação que tinha

---

[13] Por derivação, essa palavra significa, literalmente, "não dito", e é pouco provável que também signifique "inexprimível [= profunda demais para palavras]", já que há uma palavra grega perfeita para expressar essa ideia (*aneklalētos*; cf. 1Pedro 1:8; Policarpo 1.3). No contexto de Romanos, essa palavra dificilmente significaria "silenciosa"; portanto, "inarticulado", significando "sem palavras conhecidas", parece ser a melhor opção para essa passagem.

[14] Ainda mais quando percebemos que orar e ler na antiguidade se articulavam no sentido de "falar as palavras"; portanto, ambos oraram e leram "em voz alta", por assim dizer.

[15] Cf. A. J. M. Wedderburn, "Romans 8:26 — towards a theology of glossolalia?", *SJT*, n. 28 (1975), p. 369-77, que rejeita essa interpretação de Romanos 8:26 (pelo menos da forma como é apresentada por E. Käsemann), mas aceita que ela ainda possa funcionar como uma base para a teologia paulina da glossolalia.

(aparentemente) um orgulho especial da expressão pública desse fenômeno (1Coríntios 14:18).

3. UMA PROPOSTA TEOLÓGICA

Embora Paulo não ofereça uma reflexão teológica sobre o fenômeno do falar em línguas, o que ele diz — e, em alguma medida, o que não diz — permite-nos fazer algumas afirmações importantes sobre seu entendimento a esse respeito. Retomando as conclusões acima apontadas, ofereço as seguintes reflexões:

1) A compreensão que Paulo tem da glossolalia como expressão inspirada pelo Espírito é expressa com clareza na combinação de afirmações em 1Coríntios 12:7-8,10-11. Em 12:7, ele começa dizendo que "a cada um é dada uma manifestação do Espírito para o bem comum", seguido pelos versículos 8-10, que listam nove dessas "manifestações", as quatro primeiras explicitamente atribuídas ao Espírito ("a um [...] pelo Espírito", "a outro [...] pelo mesmo Espírito"), de modo que as últimas cinco também devem ser entendidas dessa forma, o que é confirmado pela frase de encerramento no versículo 11: "Todas essas coisas, porém, são realizadas pelo mesmo e único Espírito, e ele as distribui individualmente, a cada um, conforme quer".

Isso também está explicitamente declarado em 1Coríntios 14:2, passagem em que Paulo afirma que "quem fala em línguas [...] fala mistérios [a Deus] pelo Espírito",[16] tema retomado no versículo 15 ("orarei/cantarei com o meu Espírito/espírito").[17] Tal oração "pelo Espírito", ininteligível para quem fala, mas eficaz para Deus, também é explicitamente atestada em Romanos 8:26-27.

---

[16] Em um de seus momentos menos perspicazes, os tradutores da NIV, indo contra o uso óbvio nesse contexto e contra o uso paulino em geral, traduziram essa ocorrência de *pneumati* por "com seu espírito". Para o uso paulino a esse respeito, cf. o cap. 2 em Fee, *Presence*, p. 15-26.

[17] Sobre essa tradução e o entendimento dessa passagem, veja Fee, *Presence*, p. 228-33.

Essa verdade teológica em si já deveria levar alguns a serem mais cautelosos quando tentarem "colocar as línguas em seu devido lugar" (o que, em geral, significa "eliminá-las completamente") na igreja contemporânea. Paulo não menospreza as línguas, como alguns têm argumentado, nem mesmo se mostra maravilhado com o fenômeno, como os coríntios — e alguns pentecostais e carismáticos também. Assim como em todas as atividades capacitadas pelo Espírito, Paulo tinha muito respeito pelas línguas, mas de forma adequada.

2) Duas coisas devem ser observadas sobre o fenômeno em si. Em primeiro lugar, as regulamentações para seu uso comunitário em 1Coríntios 14:27-28 deixam claro que quem fala não está em "êxtase" ou "fora de controle". Pelo contrário, aqueles que falam são instruídos a falar um de cada vez e devem permanecer em silêncio caso não haja alguém para interpretar. Essas instruções fazem pouco ou nenhum sentido se quem fala estiver em um tipo de "êxtase", entendido aqui como estar sob o "poder do Espírito" e, portanto, sem nenhum autocontrole. Por isso a declaração de Paulo sobre as profecias no versículo 32 se aplica igualmente aos que falam em línguas na assembleia: "o Espírito/espírito dos profetas está sujeito aos profetas". Isso também significa que as pessoas de fora que possam ver os cristãos como "loucos", caso todos falem em línguas (simultaneamente, como parece ser sugerido) em seus encontros, não verão "loucura" na natureza da atividade em si (= "mania" etc.), mas na falta de inteligibilidade e de ordem. De igual modo, embora Paulo não fale sobre esse assunto especificamente em Romanos 8:26-27, nada nessa descrição sugere que quem fala esteja "fora de controle".

Em segundo lugar, o fato de Paulo não entender a glossolalia como um idioma terreno é corroborado por várias evidências. Ele certamente não considera a possibilidade de que alguém presente consiga entendê-la sem interpretação, e a analogia dos idiomas terrenos em 1Coríntios 14:10-12 infere que não se trata de uma linguagem terrena (geralmente, uma coisa não é idêntica àquela à qual é apenas análoga). O acesso mais provável à compreensão paulina pode ser encontrado na descrição que ele faz desse fenômeno em 1Coríntios

13:1, como "a língua dos anjos". O próprio contexto em si exige que essa expressão se refira à glossolalia. A questão mais difícil está em sua íntima ligação com "a língua dos homens". É provável que ele esteja se referindo a dois tipos de glossolalia: um discurso humano inspirado pelo Espírito, mas desconhecido por quem fala ou ouve, e um discurso angelical inspirado pelo Espírito, que alguém profere no dialeto celestial. O contexto histórico costuma sugerir que o último caso é o que os próprios coríntios entendiam por glossolalia, por isso a consideravam uma das evidências de que já haviam alcançado alguma coisa do futuro status celestial.[18]

3) De acordo com toda a evidência disponível, Paulo entendia a glossolalia como um discurso direcionado a Deus, e não aos demais cristãos. Isso ocorre de diversas maneiras. Por exemplo, fala-se de forma direta em todos os casos em que Paulo se refere explicitamente à direção da fala e, em um caso específico, menciona-se em contraste com as profecias, direcionadas aos demais. Portanto, em 1Coríntios 14:2, Paulo diz que quem fala em línguas não fala aos outros, mas a Deus. Da mesma forma, em 14:28, se nenhum dos presentes consegue interpretar as línguas, quem fala deve manter-se em silêncio na igreja e "falar consigo mesmo e com Deus". O mesmo é sugerido nos versículos 14-16, em que se diz que quem fala em línguas está "orando" (v. 14-15), "louvando a Deus" (v. 16) e "dando graças" (a Deus, como fica implícito no v. 17). Também em Romanos 8:26-27, o Espírito finalmente é apresentado como orando a Deus por meio do cristão e a favor dele.

Duas considerações importantes surgem a partir desse fato. Em primeiro lugar, parece haver pouca evidência paulina para a

---

[18] A questão sobre o "falar em línguas" das igrejas pentecostais e carismáticas atuais ser igual ao "falar em línguas" das comunidades paulinas é discutível — e provavelmente um tanto irrelevante. Simplesmente não temos como saber. Como fenômeno experimentado, é, no mínimo, análogo ao deles, no sentido de ser entendido como uma atividade sobrenatural do Espírito que funciona de formas muito parecidas; e, para muitos que a praticam, tem valor similar àquele descrito por Paulo.

tradicional expressão pentecostal "uma mensagem em línguas" como descrição do fenômeno das línguas e sua interpretação conforme praticado de maneira histórica nas igrejas pentecostais. Aparentemente, essa linguagem é baseada em 1Coríntios 14:5,[19] passagem em que Paulo atribui o mesmo valor à profecia e à língua interpretada para a edificação da comunidade. Mas sugerir que profecias e interpretação de línguas são fenômenos equiparáveis é forçar a texto a dizer algo que não está ali, já que os versículos 2 e 28 deixam claro que elas não são. Isso é especialmente verdadeiro no versículo 28, no qual Paulo defende que não deve haver glossolalia sem interpretação na igreja; em vez disso, quem fala deve falar "consigo mesmo e com Deus". A implicação óbvia é que, em cada caso, o que se interpreta é o discurso chamado "falar mistérios para Deus" no versículo 2. É claro que não podemos provar com isso que falar em línguas publicamente nunca esteja direcionado à comunidade. O que podemos dizer é que Paulo nunca diz ou sugere que seja.

Em segundo lugar, todos os dados disponíveis indicam também que, embora Paulo não proíba a glossolalia interpretada na assembleia, tampouco se mostra muito entusiasmado com isso. Isso fica evidente em sua preferência explícita pelas profecias na igreja, assim como pela clara implicação de 1Coríntios 14:18-19 ("Dou graças a Deus por falar em línguas mais do que todos vocês. Todavia, na igreja prefiro falar cinco palavras compreensíveis para instruir os outros a falar dez mil palavras em línguas") e do versículo 28 (ao que está falando em

---

[19] Veja, por exemplo, Riggs, *The spirit himself*, p. 87: "línguas e interpretação são o equivalente à profecia". Ele prossegue oferecendo uma apologética considerável, à luz de sua informação, do porquê deveria haver tanto profecias como línguas interpretadas na assembleia. Essa é uma visão menos comum entre os pentecostais mais recentes; veja, por exemplo, Stanley M. Horton, *What the Bible says about the Holy Spirit* (Springfield: Gospel Publishing House, 1976 [ed. brasileira: *O Espírito Santo na Bíblia* (Rio de Janeiro: CPAD, 2018)].

línguas: "Se não houver intérprete, fique calado na igreja, falando consigo mesmo e com Deus").

4) Isso nos leva a observar — e isolar essa observação especificamente para o bem de nossas reflexões teológicas a seguir — que a razão para o "silêncio" na igreja com relação à glossolalia sem interpretação em face da profecia é que, em ambos os casos, Paulo está preocupado com a edificação. O que acontece quando a igreja está reunida deve ser inteligível justamente para que possa edificar o restante da comunidade. Assim, no caso da glossolalia sem interpretação, aquele que está falando em línguas "agradece a Deus", mas o restante da comunidade não pode ser edificada, nem dizer "amém" (1Coríntios 14:16-17), porque essas pessoas são incapazes de entender o que está sendo dito a Deus.

No entanto, o oposto prevalece para o indivíduo cristão que ora em línguas em lugar privado. Tal pessoa "fala mistérios a Deus" e, mesmo que sua mente esteja em repouso e, portanto, "infrutífera", ela não está alienada nem fora de controle. Pelo contrário, tal oração é um meio de edificação para quem ora (1Coríntios 14:4), ainda que a própria pessoa não entenda o que está sendo dito.

Embora tal ideia vá de encontro à autocompreensão fortemente influenciada pelo Iluminismo da cristandade ocidental, Romanos 8:27 fornece a chave teológica para tal edificação. É uma questão de confiar em Deus que aquele a quem oramos pelo Espírito "conhece a intenção do Espírito, porque o Espírito intercede pelos santos de acordo com a vontade de Deus" (= de acordo com seus propósitos). Obviamente, Paulo está muito mais tranquilo do que a cristandade atual quanto ao fato de o Espírito edificar o espírito de alguém sem que tal edificação tenha de ser processada pelo córtex cerebral. E é nesse ponto que nossa reflexão final e mais teológica emerge como uma tentativa de unir os tópicos 1 e 3 deste capítulo.

5) O contexto paulino para "orar no Espírito" e, portanto, para a glossolalia é o pano de fundo escatológico de seu entendimento do Espírito como evidência concreta de que o futuro já apareceu no

presente[20] e como garantia de sua consumação final.[21] Nesse panorama, Paulo entende que a glossolalia serve ao cristão não como evidência de que o futuro já está presente (como criam os cristãos de Corinto), mas que o futuro "ainda não" foi consumado.[22] É por causa de nossa existência "entre os tempos" que precisamos desesperadamente da ajuda do Espírito em nossa atual fragilidade. Esse é, basicamente, o ponto de Romanos 8:26-27. O Espírito vem e ora por meio de nós com "gemidos inexprimíveis", como um auxílio nesse atual tempo de fraqueza. Ao mesmo tempo, a glossolalia serve como um constante lembrete de que nós, com toda a criação, continuamos a antecipar nossa redenção final.

O motivo é que as línguas, assim como as profecias e todos os outros *charismata* do Espírito, são apenas para o tempo presente (1Coríntios 13:8-13). As línguas — e as profecias e o conhecimento — pertencem a este tempo de fraqueza, quando "conhecemos em parte" e precisamos da ajuda do Espírito. As orações cristãs em línguas ecoam os "gemidos" de toda a criação, enquanto, juntos, aguardamos a consumação final do futuro que Deus já inaugurou com a ressurreição e com o dom do Espírito.

---

[20] Sobre essa questão, veja esp. Fee, *Presence*, p. 803-13. O Espírito é tanto o "adiantamento" como as "primícias" do futuro que já despontou com a primeira vinda de Cristo e sua ressurreição e o subsequente dom do Espírito escatológico.

[21] Veja especialmente Efésios 4:30; cf. Fee, "Some exegetical and theological reflections on Ephesians 4:30 and pauline pneumatology", in: *Spirit and renewal, essays in honor of J. Rodman Williams* (JPTSS 5; Sheffield: Academic Press, 1994), p. 129-44.

[22] É discutível se os coríntios realmente entendiam as línguas como algo a ser "ostentado"; apenas a segunda aplicação da analogia do corpo em 1Coríntios 12:22-24 parece sugerir isso. A ideia de que eles consideravam as línguas uma evidência de que já haviam alcançado alguma coisa de seu status celestial parece combinar muito mais com o argumento paulino. Mas, em ambos os casos, a visão que eles tinham da glossolalia e de seus propósitos estava equivocada, do ponto de vista de Paulo. Orar em línguas pertence principalmente à privacidade da vida de oração de alguém, e os "gemidos inexprimíveis" refletem o poder de Deus agindo, mesmo em nosso atual estado de fragilidade.

As implicações teológicas de tal entendimento são muitas. Contrastando com o que, em geral, é sugerido nos círculos carismáticos e pentecostais, para Paulo ninguém "ora em línguas" a partir de uma posição de "força", como se ser cheio do Espírito nos colocasse em uma posição de poder perante Deus. Ao contrário, oramos em línguas a partir de uma posição de fraqueza, porque "não sabemos orar como deveríamos". Nesses momentos, necessitamos desesperadamente da ajuda do Espírito, para que ele ore por meio de nós, o que está de acordo com os propósitos divinos. E precisamos aprender, em especial, sobre o tipo de confiança que tal oração exige, a saber, que Deus, de fato, conhece a mente do Espírito e que sua intercessão por nós está em consonância com os propósitos de Deus em nossa vida e no mundo.

Tal compreensão da glossolalia ainda implica outra forma de fraqueza. Embora quem fale em línguas não esteja "fora de controle", no sentido extático desse fenômeno, também não está "no controle", no sentido mais bíblico de desistir do controle sobre a própria vida e de seus objetivos para se colocar por inteiro — especialmente as áreas mais rebeldes de nosso ser, a mente e a língua — à disposição de Deus,[23] crendo que seu amor por nós é puro, "sem dissimulação" (para usar a expressão da King James) e que ele quer apenas o bem para "os santos". Por isso Paulo insiste que fará ambas as coisas: orará e cantará com a mente (pelo bem dos demais) e orará e cantará com o Espírito (para o bem dele próprio).

---

[23] Admito que, por vezes, imagino se a presente resistência à glossolalia por parte de tantos cristãos não é uma combinação de má interpretação da perspectiva de Paulo sobre o assunto com nossa necessidade de estar "no controle". Talvez o resultado final dessa resistência seja o fato de que afirmamos estar à disposição de Deus em nossa fraqueza, mas insistimos em fazer nossas orações a partir de um lugar de força — um tipo de força que só pode ser encontrado quando oramos com a mente e raramente no Espírito. Esse é outro ponto em que os cessacionistas falham — de todas as formas. Não é algo apenas exegética e hermeneuticamente insustentável, mas acaba sendo uma forma de "viver a partir de uma posição de força" — nesse caso, a força de uma mentalidade racionalista.

Ao mesmo tempo, quando ora a partir de uma postura de fraqueza, Paulo também afirma nossa total dependência de Deus em relação a tudo; e aqui é onde o "poder na fraqueza" aparece. Ao orar em línguas através de nós, o Espírito é o caminho pelo qual a força de Deus se aperfeiçoa em meio à nossa fraqueza — que é onde está a força final para o cristão. Portanto, nossa oração em línguas, como evidência para nós de que entramos em uma nova era, escatológica e inaugurada pelo Espírito, serve principalmente de evidência de que "ainda não" chegamos à consumação dessa era. E é por ainda não termos chegado lá e porque esperamos nossa redenção final com toda a criação que devemos orar no Espírito em meio à nossa fraqueza, confiando, implicitamente, que o Espírito orará de acordo com os propósitos de Deus. Tal oração, portanto, é liberdade e poder — o poder de Deus sendo aperfeiçoado em meio à fraqueza.

Por fim, observo que, se a visão aqui apresentada é, de fato, fiel a Paulo, podemos entender por que ele fala tão pouco sobre o assunto, por um lado, mas tão positivamente, por outro lado; e por que ele próprio fazia isso em suas orações privadas mais que qualquer um dos coríntios, que, aparentemente, se orgulhavam tanto desse dom. A compreensão paulina sobre a atual existência em Cristo pelo Espírito é aquela em que o poder e a sabedoria de Deus se manifestam melhor na fraqueza e na fragilidade humanas. Foi por isso que ele se recusou a saber qualquer coisa entre os coríntios senão "Cristo e este crucificado"; foi por isso que discutiu com eles, como em 2Coríntios 11—12; e foi por isso que ele discorreu de forma tão confiante sobre o empoderamento do Espírito, quando ele próprio conhecia a fraqueza, o sofrimento, o aprisionamento e a zombaria.

Em suma, quando compreendido pela perspectiva de Paulo, o falar em línguas encaixa-se no todo de seu panorama teológico. Temos aqui a oportunidade de nos expressar de maneira mais profunda para Deus — em adoração, ação de graças, oração e intercessão. E isso acontece especialmente quando nós mesmos não sabemos o que orar em meio à atual fraqueza; mas o que sabemos, segundo Paulo, é que, ao orar a nosso favor em nossa atual fragilidade, "o Espírito age em todas as coisas para o bem daqueles que o amam, dos que foram chamados de acordo com o seu propósito" (Romanos 8:28).[24]

---

[24] Para saber mais sobre a interpretação dessa conhecida passagem, veja Fee, *Presence*, p. 587-90.

CAPÍTULO 10

Laos e a liderança cristã na Nova Aliança[1]

O Novo Testamento é cheio de surpresas, mas talvez nenhuma surpreenda tanto quanto sua atitude geralmente desapegada com relação às estruturas e lideranças eclesiásticas, ainda mais se levarmos em consideração quão importante esse tema se tornou mais tarde, em grande parte da história da igreja, a começar já em Inácio de Antioquia. Na verdade, para a maioria das pessoas, o conceito de "história da igreja" refere-se, antes de tudo, à sua história como corpo político, que envolve tanto a evangelização e o crescimento como seu desenvolvimento intelectual/teológico.

---

[1] Este artigo foi originalmente preparado para um debate no retiro de professores do Regent College. Em vez de um trabalho de pesquisa que tenta considerar a vasta gama de literatura secundária (sobre ordem eclesiástica e leigos), tentei fazer algo mais modesto: um ensaio que oferece a leitura de um estudioso do Novo Testamento sobre os textos bíblicos que abordam questões específicas relacionadas com a igreja como povo de Deus, a saber, as inter-relações entre povo, clero, ministério e ordem eclesiástica. Embora o que eu faça aqui seja como reinventar a roda, espero que alguns pontos sejam novos — embora, em outros, eu possa ganhar pontos por não haver consultado a literatura. Sou grato aos meus colegas do Regent pela vigorosa discussão em torno deste artigo, pois, com base nela, fiz pequenas revisões e adicionei algumas notas de rodapé, para maior clareza.

Por uma série de razões,[2] os documentos do Novo Testamento simplesmente não têm a ordem eclesiástica como um dos assuntos de sua agenda.[3] A tese deste capítulo é que a principal razão para isso deriva do entendimento que eles tinham sobre o que significa ser povo de Deus sob uma nova aliança, pois isso, por sua vez, está relacionado com sua experiência comum do Espírito escatológico.[4] O ponto central deste artigo é hermenêutico — como passamos dos documentos do primeiro século para uma aplicação no século 20 (ou 21). Mas, como sempre, essas questões devem ser, em primeiro lugar, submetidas às questões exegéticas — como entendemos o texto em si.

---

[2] Uma razão não mencionada neste capítulo é a natureza particularmente *ad hoc* de nossos documentos. Até mesmo as conhecidas Cartas Pastorais demonstram pouco interesse pela liderança ou pela administração eclesiástica em si. Em vez disso, Paulo está preocupado com o caráter e as qualificações dos que assumem posições de liderança. Veja G. D. Fee, *1 and 2 Timothy, Titus* (Peabody: Hendrickson, 1988), p. 19-23, 78-9.

[3] Como já afirmei em outro lugar, o próprio fato de grupos tão diferentes quanto os católicos romanos, os Irmãos de Plymouth e os presbiterianos usarem as mesmas Cartas Pastorais como base para suas estruturas eclesiásticas já nos deveria dar uma boa razão para fazer uma pausa quanto ao que o Novo Testamento "ensina claramente" sobre essas questões. Veja "Reflections on church order in the Pastoral Epistles, with further reflection on the hermeneutics of *ad hoc* documents", *Journal of the Evangelical Theological Society*, n. 28 (1985), p. 141-51. É uma das coisas que fazem Atos ser um tipo de "história da igreja" tão diferente de seus sucessores. Quase não há indícios de organização ou de estruturas eclesiásticas (1:15-26 e 6:1-6 desempenham papéis muito diferentes). Por exemplo, em algum momento a liderança de Jerusalém passou dos Doze para Tiago (comp. 6:2 e 8:14 com 11:2; 12:17; 15:13), sem que houvesse sequer uma palavra sobre como ou por que isso aconteceu. Em nível local, em 13:1, as posições de liderança aparentemente eram ocupadas por "profetas e mestres", enquanto em 14:23 os anciãos são designados para cada congregação. Esse é um material com o qual dificilmente podemos argumentar com confiança sobre como a igreja do primeiro século foi "organizada" — ou se foi!

[4] Com isso, quero dizer algo bastante técnico, a saber, o derramamento do Espírito Santo prometido como principal evidência de que a esperança escatológica dos judeus foi cumprida ou realizada. Para a igreja do primeiro século, "isto é o que foi predito pelo profeta Joel" (Atos 2:16) é a clara evidência de que o fim (*Eschaton*) começou e que o tempo do futuro raiou.

1. A(S) QUESTÃO(ÕES)

Historicamente, a igreja parece ter descambado[5] para um modelo que acabou por desenvolver uma clara distinção entre o povo (leigos) e o ministério "profissional" (clero), cuja expressão mais forte foi alcançada na comunidade católica romana,[6] mas também encontrou espaço em quase todas as vertentes protestantes. O resultado tem sido uma igreja na qual o clero muitas vezes existe à parte do povo, para quem há um conjunto diferente de regras e de expectativas, e na qual os "dons" e o "ministério", para não mencionar a importância, as estruturas de poder e a tomada de decisões, tudo isso é de competência especial dos profissionais. Estes, "ordenados" para essa profissão, apreciam a aura que ela proporciona, e contar com tais profissionais ordenados permite que os leigos os remunerem pelo trabalho ministerial e, assim, tenham um pretexto para fugir ao chamado bíblico. O modelo praticamente universal, com pouquíssimas exceções, assemelha-se a algo assim:

A tese deste capítulo é que o modelo bíblico se parece mais com o diagrama a seguir — sem nenhum clero, mas com uma liderança que simplesmente fazia parte do povo de Deus:

---

[5] Em vez de ter chegado a tal ordem por meio de ações intencionais, propositais, de sua parte.

[6] *De jure*, claro. Pois, como um de meus colegas observou, *de facto* não existem instituições mais rigorosas com relação a isso do que certas igrejas independentes (batista, pentecostal/carismática).

O problema — para a maioria dos modernos, é claro —, ao acessarmos os textos bíblicos, é que tendemos a pressupor que nosso atual modelo de igreja é igual ao deles. Assim, carregamos tanto uma agenda como uma experiência de igreja diferentes para esses documentos. Mas a história e a tradição tiveram sua vez. Mesmo que seja possível discutir de diferentes formas se temos genuína continuidade com a igreja do Novo Testamento — especialmente com relação à nossa experiência da graça e do Espírito —, nossa experiência com a igreja em si é tão diferente da deles que parece que ambas nunca vão se encontrar.[7]

Em minha opinião, são quatro as dificuldades: 1) a tensão entre a vida individual e a corporativa, em que os cristãos ocidentais em particular são ensinados, desde o berço, a valorizar o indivíduo acima do grupo, enquanto, na perspectiva neotestamentária, a comunidade ainda é a principal realidade, e o indivíduo encontra identidade e significado como parte dessa comunidade; 2) a tensão entre a existência escatológica e a institucional, em que a maioria dos modernos conhece apenas a segunda, enquanto a igreja do Novo Testamento existia principalmente como uma experiência da primeira; 3) o papel das estruturas, na medida em que elas fluem dessas tensões; 4) a dificuldade hermenêutica criada pela natureza dos dados, uma vez que os documentos do Novo Testamento, repletos de reflexões e *insights*, contêm poucas instruções intencionalmente diretas sobre essas questões. Então, como

---

[7] Para mim, isso é sempre relembrado como uma realidade viva no ensino da teologia do Novo Testamento. Embora minhas ênfases e interpretações dos dados bíblicos frequentemente suscitem algumas discussões (debates?) empolgantes, nada desperta tanto isso quanto a parte da teologia paulina que fala da natureza da igreja como povo escatológico de Deus, que vive atualmente a vida do futuro enquanto espera pela consumação. Tenho muita dificuldade para fazer com que os alunos entendam a perspectiva neotestamentária e, mesmo quando isso acontece, também é difícil fazer com que assimilem tudo — pois isso envolve exatamente onde eles vivem.

se aplicam? Estamos em busca de uma norma bíblica para seguir,[8] buscamos modelar o que se encaixa melhor em nossa situação ou tentamos, em vez disso, aproximar-nos do espírito do padrão bíblico em nossas estruturas já existentes?

Proponho-me, no restante deste capítulo, a abordar algumas dessas questões examinando, em primeiro lugar, os dados bíblicos e, em seguida, oferecendo algumas breves observações hermenêuticas, à luz dessas informações.

2. O POVO DE DEUS NO NOVO TESTAMENTO

2.1 A linguagem

Ao abordar inicialmente a linguagem neotestamentária para as comunidades cristãs, espero conseguir demonstrar dois fatos sobre elas: a) seu forte senso de continuidade com o povo de Deus da antiga aliança e b) sua natureza basicamente coletiva.

O fato de a mentalidade dos primeiros cristãos ser marcada pela continuidade está escrito de forma clara praticamente em todas as páginas de quase todos os documentos.[9] Eles não se viam como o

---

[8] Se devemos tentar seguir o modelo da igreja neotestamentária, essa também é outra questão hermenêutica que merece ser discutida à parte. Sobre o lugar do "precedente histórico" na hermenêutica cristã, veja algumas sugestões programáticas em Gordon D. Fee e D. Stuart, *How to read the Bible for all its worth*, 2. ed. (Grand Rapids: Zondervan, 1993), p. 94-112 [ed. brasileira: *Como ler a Bíblia livro por livro: um guia confiável para ler e entender as Escrituras Sagradas* (Rio de Janeiro: Thomas Nelson Brasil, 2019)].

[9] Isso é nada menos do que poderíamos esperar, dado que Jesus é o cumprimento das expectativas messiânicas dos judeus, seu próprio anúncio do reino como um "cumprimento do tempo" e a natureza judaica dos primeiros cristãos. A continuidade é, portanto, encontrada de várias formas nos Evangelhos: por exemplo, em declarações

"*novo* povo de Deus", mas como o "povo de Deus *recém-constituído*". Isso fica ainda mais claro em sua adoção da linguagem veterotestamentária de "povo de Deus", apropriação tanto variada como contínua.

2.1.1 Igreja (*ekklesia*)

Como essa palavra não aparece no Antigo Testamento em nosso idioma, e seu uso para se referir à "assembleia" da *polis* grega é geralmente bem conhecido, o contexto veterotestamentário para seu uso no Novo Testamento é muitas vezes esquecido. Na Septuaginta, o termo *ekklesia* é regularmente utilizado para traduzir o hebraico *qahal* e, em geral, refere-se à "congregação de Israel", especialmente quando reunida por objetivos religiosos. Portanto, é natural que essa palavra em particular tenha sido utilizada pelos primeiros cristãos para preencher uma lacuna enquanto começavam a se espalhar pelo mundo gentio.

Como o uso do conceito de "pessoas reunidas" foi fundamental tanto no grego como na Septuaginta, é possível que esse também seja um dos motivos por trás de seu uso pelos primeiros cristãos. Assim, nessa primeira aparição no Novo Testamento (1Tessalonicenses 1:1), Paulo provavelmente está pensando na comunidade cristã como povo reunido, constituído "em Deus Pai e no Senhor Jesus Cristo", que estaria ouvindo a leitura da carta. Também é possível que esse uso ao longo do Novo Testamento nunca se afaste muito dessa nuance. A *ekklesia* refere-se principalmente às pessoas de várias cidades e vilas que se reuniam, de forma regular, em nome do Senhor para adorar e aprender.

---

diretas que refletem o tema de promessa e cumprimento, em símbolos e imagens de vários tipos (a escolha dos doze discípulos feita por Jesus não é acidental!), nos hinos da narrativa do nascimento trazida por Lucas.

2.1.2 Povo (*laos*)

Embora não fosse muito popular entre os escritores gregos, essa foi a palavra escolhida pelos tradutores[10] da Septuaginta para traduzir o hebraico *'am*, termo bem comum (com quase duas mil ocorrências) para expressar a relação especial entre Israel e Yahweh. Acima de todos, havia o "povo" de Yahweh. Mesmo que, às vezes, essa palavra possa distinguir o povo (geralmente não israelita) de seus líderes (por exemplo, Gênesis 41:40; Êxodo 1:22), na maioria dos casos é uma palavra coletiva e designa todo o povo que Deus escolheu — pessoas, sacerdotes, profetas e reis. Assim, em Êxodo 19:5, ao estabelecer sua aliança com eles no Sinai, Deus diz "Vocês serão para mim um *laos periousios* [povo especial/escolhido] entre todas as *ethnōn* [nações/gentios]" (Septuaginta).

No Novo Testamento, essa palavra se refere com mais frequência ao povo judeu daquela época.[11] Mas, em diversas passagens cruciais, é utilizada no sentido veterotestamentário e reflete especialmente a linguagem de Êxodo 19:5-6 (cf. 23:22, Septuaginta) para se referir ao povo da Nova Aliança, geralmente em contextos que incluem os gentios. Portanto, Lucas cita Tiago dizendo: "Como Deus, no princípio, voltou-se para os *ethnōn* a fim de reunir um *laos* para o seu nome..." (Atos 15:14). Em Tito 2:14, o objetivo do propósito salvífico de Cristo é "purificar para si mesmo um *laos periousios*", enquanto 1Pedro 2:9-10 combina as expressões utilizadas em duas passagens do Antigo Testamento para se referir a "povo" (Isaías 43:20; Êxodo 19:6; Isaías 43:21), seguido por um jogo de palavras com Oseias 2:23 (cf. 1:9) para designar os cristãos gentios como "geração eleita, sacerdócio real, nação santa, povo exclusivo de Deus" que antes "nem sequer eram um

---

[10] Provavelmente porque a palavra mais comum, *ethnos*, era utilizada pelos escritores gregos para se referir a si mesmos como povo, da mesma forma que os hebreus utilizavam *'am*. Portanto, para os judeus, *ethnos* queria dizer "gentios" e foi assim utilizada pelos tradutores da Septuaginta. Daí a necessidade de uma palavra diferente que pudesse distingui-los.

[11] Lucas é quem mais a utiliza (84 de 142); Mateus, 14; Hebreus, 13; Paulo, 12; Apocalipse, 9. Muitas dessas ocorrências são citações do Antigo Testamento.

povo", mas agora "são povo de Deus". O autor de Hebreus também transfere diversas passagens ou conceitos veterotestamentários de "povo" para a igreja (2:17; 4:9; 7:27; 13:12).

2.1.3 Aliança (*diatheke*)

Embora esse termo não apareça tantas vezes no Novo Testamento, é utilizado de formas importantes para nosso tópico. O autor de Hebreus, em particular, adota uma linguagem de aliança para associar o novo ao velho, e vê Cristo como o cumprimento da "nova aliança" de Jeremias, onde Deus diz, como na aliança sinaítica: "Eles serão o meu povo" (Hebreus 8:7-12; citando Jeremias 31:33). Paulo também adota essa linguagem para se referir à "nova aliança" do Espírito (2Coríntios 3:6; cf. Gálatas 4:29). Talvez ainda mais importante, quando se reunia em comunhão à mesa do Senhor nas comunidades paulinas, o povo dizia estas palavras: "Este cálice é a nova aliança no meu sangue" (1Coríntios 11:25; Lucas 22:20). É preciso destacar que tanto a linguagem da "nova aliança" como seu vínculo estreito com o Espírito e o povo de Deus são percebidos como elementos de continuidade com o Antigo Testamento (como cumprimento, nesse caso). Havia, portanto, uma lembrança constante de sua continuidade/descontinuidade com o passado na adoração e na liturgia da igreja do primeiro século.[12]

2.1.4 Santos (*hoi hagioi*)

Embora não seja frequente no Antigo Testamento, a designação de Israel como o "povo santo" de Deus ocorre na importante passagem

---

[12] Assim como a ceia do Senhor, pelo símbolo do pão (1Coríntios 10:16-17), deveria servir para nós como uma lembrança de séculos de continuidade cristã.

pactual de Êxodo 19:5-6, expressão que, no judaísmo posterior, referia-se aos eleitos que deveriam compartilhar as bênçãos do reino messiânico (Daniel 7:18-27; *Salmos de Salomão* 17; Qumran). Esse é o principal termo utilizado por Paulo para se referir ao povo de Deus escatológico, recém-formado. Ele o utiliza em seis saudações das nove cartas enviadas às congregações, também em Filemom, assim como em diversos outros lugares. Sua ocorrência em Atos 9:41, Hebreus 6:10 e 13:24, Judas 3 e Apocalipse 8:4 deixa claro que esse termo era muito difundido na igreja do primeiro século. Em todos os casos, é uma designação coletiva do povo de Deus, que deve ter seu caráter "santo" e, portanto, ser "separado" para seus propósitos. Em outras palavras, o Novo Testamento desconhece a ideia de indivíduos "santos" e fala apenas de comunidades cristãs como um todo, que assumem o chamado de Israel no Antigo Testamento para ser "o povo santo de Deus" no mundo.[13]

2.1.5 Escolhido (*eklektos* e seus cognatos)

Fortemente vinculado à aliança, está o conceito de que Israel foi escolhido por Deus, em um ato de infinita bondade de sua parte. No Antigo Testamento, esse conceito é geralmente encontrado na forma de verbo, e Deus é o sujeito. Entretanto, a versão que a Septuaginta traz para Isaías 43:20-21 utiliza *eklektos* como uma designação para o povo restaurado de Deus. Esse uso pode ser encontrado em diversas passagens do Novo Testamento (por exemplo, Marcos 13:22; 1Tessalonicenses 1:4; 2Tessalonicenses 2:13; Colossenses 3:12; Efésios 1:4,11; 1Pedro 1:2; 2:9). Como, no Antigo Testamento, esse termo não se refere à eleição individual,

---

[13] Veja G. D. Fee, *The First Epistle to the Corinthians* (Grand Rapids: Eerdmans, 1987), p. 32-3 [ed. brasileira: *1Coríntios: comentário exegético* (São Paulo: Vida Nova, 2019)], para saber sobre as dificuldades de se traduzir esse termo para o inglês; a opção que parece captar melhor suas nuances inerentes é "povo santo de Deus".

mas a um povo escolhido por Deus para cumprir seus propósitos, conforme alguém vai sendo incorporado ao povo de Deus e, portanto, passa a pertencer a ele, torna-se também eleito, nesse sentido. Ainda no Antigo Testamento, essa linguagem coloca o fundamento final de nosso ser em um Deus gracioso e soberano que desejou e iniciou a salvação para seu povo.

2.1.6 Sacerdócio real

Esse termo, extraído diretamente de Êxodo 19:6, é utilizado em 1Pedro 2:9-10 para se referir à igreja, e eu o incluí aqui não apenas por ser mais uma demonstração de continuidade, mas também porque, assim como na passagem de Êxodo, refere-se claramente ao povo de forma coletiva,[14] e não a sacerdotes individuais ou ao sacerdócio de cristãos individuais.[15]

2.1.7 O Israel de Deus

Em toda a Bíblia, essa expressão única ocorre apenas em Gálatas 6:16. No entanto, reúne de muitas maneiras diversos pensamentos do Novo Testamento — especialmente o de Paulo — sobre esse assunto. Todos os que vivem sob a "regra" de que a circuncisão — ou a incircuncisão — não conta para nada são o "Israel de Deus",

---

[14] Cf. B. Childs, sobre Êxodo 19:6: "Israel como povo também se dedica à obra de Deus entre as nações, assim como os sacerdotes funcionam em uma sociedade" [*The Book of Exodus* (Philadelphia: Westminster, 1974), p. 367].

[15] O Novo Testamento desconhece o "sacerdócio do crente" da forma como popularmente o concebemos, com cada pessoa sendo seu próprio sacerdote perante Deus, sem precisar de um sacerdócio externo. Ao contrário, o Novo Testamento ensina que a igreja tem uma função sacerdotal para o mundo (1Pedro 2:9-10), e nosso papel de ministrarmos uns aos outros faz com que sejamos sacerdotes uns dos outros.

sobre quem agora repousa a bênção divina de *shalom* e misericórdia.¹⁶ Embora seja verdade que Paulo não chama a igreja de "novo Israel", passagens como Romanos 2:28-29 e 9:5 e Filipenses 3:3 demonstram que Paulo via a igreja como o "verdadeiro Israel", ou seja, como a verdadeira sucessora do povo de Deus do Antigo Testamento. Ao mesmo tempo, enfatiza que aquele povo está sendo constituído de uma nova forma agora — composto, igualmente, por judeus e gentios, e baseado apenas na fé em Cristo e no dom do Espírito.

Não há texto em que isso fique mais evidente do que no próprio argumento de Gálatas, para o qual essa passagem serve de clímax. Ao longo do texto, o objetivo de Paulo é defender que, por meio de Cristo e do Espírito, os gentios compartilham todos os privilégios das promessas feitas a Abraão (e são, de fato, filhos verdadeiros de Abraão) com os judeus que creem, sem se submeter à Torá na forma dos símbolos culturais judaicos (circuncisão, leis sobre a comida, observação do calendário).¹⁷ Eles não precisam submeter-se à regulamentação da Antiga Aliança para serem membros do povo de Deus; na verdade, ao "pertencerem a Cristo", eles são "descendência de Abraão e herdeiros segundo a promessa" (Gálatas 3:29), o que lhes é confirmado pelo dom do Espírito (4:6-7).

---

[16] Embora seja gramaticalmente possível que a frase se refira ao povo judeu, como é defendido por muitos [veja esp. P. Richardson, *Israel in the apostolic church* (Society for New Testament Studies Monograph Series 10: Cambridge University Press, 1969), p. 74-102], tanto a natureza incomum do qualificador "de Deus" como o contexto geral do texto sugerem a posição aqui adotada.

[17] A questão em Gálatas não é de forma alguma a justificação pela fé (*i.e.*, os requisitos de entrada), mas se os gentios que já haviam sido justificados pela fé em Cristo e recebido o Espírito também deveriam submeter-se aos marcadores culturais judaicos (*i.e.*, os requisitos de manutenção) para que pudessem fazer parte da aliança feita com Abraão (como Gênesis 17:1-14 deixa tão claro). Para argumentos que apresentam essa perspectiva, veja T. David Gordon, "The problem in Galatia", *Interpretation*, n. 41 (1987), p. 32-43; J. D. G. Dunn, "The theology of Galatians", *Society of Biblical Literature 1988 Seminar Papers* (Atlanta: Scholars Press, 1988), p. 1-16.

Aqui, em especial, o principal nome para o antigo povo de Deus é utilizado com o interesse da continuidade, mas agora com base em novos termos. O Israel *de Deus* inclui tanto judeus como gentios que, pela fé em Cristo e a "adoção" pelo Espírito, tornaram-se "filhos" de Abraão e, por meio de Cristo, herdeiros das promessas feitas a Abraão. Os cristãos gentios são incluídos *como povo* no recém-constituído povo de Deus, no Israel de Deus, o que é, ao mesmo tempo, um retrato obviamente coletivo.

2.1.8 Outras imagens (não veterotestamentárias)

A natureza essencialmente coletiva do povo de Deus é ainda mais reforçada pelos vários retratos da igreja encontrados no Novo Testamento que não derivam do Antigo Testamento: *família* — Deus é o Pai, e seu povo é composto de irmãos e irmãs; *lar* — as pessoas são membros desse lar (1Timóteo 3:5,15) e seus chefes são servos de Cristo (1Coríntios 4:1-3); *corpo* — a ênfase está, ao mesmo tempo, em sua unidade e na diversidade (1Coríntios 10:17; 12:12-26); *templo* de Deus ou santuário — pelo Espírito, os crentes servem coletivamente como lugar da habitação de Deus (1Coríntios 3:16-17; 2Coríntios 6:16; Efésios 2:21-22); *nação* de Deus — como cidadãos do céu, judeus e gentios formam uma *pólis* no exílio enquanto esperam chegar à sua pátria definitiva (Filipenses 3:20-21; Efésios 2:19; 1Pedro 1:1,17).

Em suma, ao utilizar, em grande medida, a linguagem veterotestamentária para marcar sua identidade, a igreja do primeiro século via-se não apenas em continuidade com o povo de Deus do Antigo Testamento, mas também como verdadeira sucessora daquele povo. Uma das características essenciais dessa continuidade é a natureza coletiva do povo de Deus. Deus escolheu e fez uma aliança não com indivíduos israelitas, mas com um povo que teria seu nome e serviria aos seus propósitos. Embora alguns israelitas pudessem perder sua posição em Israel, isso nunca afetava os desígnios ou propósitos de

Deus para o povo como tal, mesmo quando a maioria falhou e o "povo" foi reduzido a "resto". Esse restante ainda era Israel — amado, escolhido e redimido por Deus.

Essa perspectiva também perpassa todo o Novo Testamento, mas, ao mesmo tempo, a vinda de Cristo e o dom do Espírito escatológico marcaram uma nova forma pela qual eles foram constituídos. Agora, a entrada na comunidade é individual, por meio da fé em Cristo e da recepção do Espírito sinalizada no batismo. No entanto, a própria igreja é objeto da ação salvífica de Deus em Cristo. É assim que Deus está escolhendo e salvando um povo para o seu nome.

Talvez nada ilustre esse fato de forma tão vívida quanto duas passagens de 1Coríntios (5:1-13; 6:1-11), que falam de pecados um tanto flagrantes por parte de indivíduos. Em ambos os casos, Paulo aponta sua artilharia mais pesada não para os pecadores em si, mas para a igreja, por seu fracasso em lidar com essas questões. Em 5:1-13, não se fala muito do homem, e sua parceira sequer é mencionada; tudo é direcionado à igreja — por sua arrogância, por um lado, e por seu fracasso em agir, do outro lado. O mesmo ocorre em 6:1-11. Nesse caso, ele finalmente se dirige ao demandante (v. 7-8a) e ao acusado (v. 8b-11), mas apenas após haver criticado a igreja por permitir que tal coisa acontecesse no meio da comunidade escatológica de Deus e, portanto, por ter falhado em agir. Obviamente, o que está em jogo em casos tais é a igreja em si e seu papel como alternativa redimida e redentora de Deus em Corinto.

2.2 O povo e sua liderança

Contudo, o senso de continuidade com o antigo não parece estender-se também ao papel da liderança. Sob a Antiga Aliança, o rei e os sacerdotes, em particular, embora fossem incluídos muitas vezes na linguagem "do povo", eram, ao mesmo tempo, reconhecidos como tendo uma existência à parte do povo, contando com um conjunto próprio de regras e expectativas. É justamente esse tipo de liderança que desmorona por completo no Novo Testamento. A razão básica para isso é o próprio Senhorio de Cristo. Como Deus pretendia ser ele mesmo o rei de Israel, então Cristo veio como o rei divino sobre seu povo recém-constituído. Como cabeça de sua igreja, todos os outros, inclusive os líderes, funcionam como partes do corpo, que tanto é sustentado por Cristo como cresce nele (Efésios 4:11-16).

Portanto, a liderança do povo de Deus do Novo Testamento nunca é vista à parte ou acima do povo em si, mas simplesmente como uma parte do todo essencial para o bem-estar do corpo, embora governada pelo mesmo conjunto de "regras". Eles não são "separados" por "ordenação";[18] ao contrário, seus dons fazem parte da obra do Espírito entre todo o povo. O fato de que esse era o modelo básico (conforme mostramos no diagrama anteriormente) pode ser demonstrado de várias formas, e algumas delas merecem atenção especial.

2.2.1 A natureza das Epístolas

Uma das características mais extraordinárias das epístolas do Novo Testamento são os fatos complementares de que: a) elas são direcionadas à(s) igreja(s) como um todo, e não apenas à liderança;[19]

---

[18] Ou seja, eles não são "separados" para um cargo; ao contrário, as mãos são impostas sobre eles como reconhecimento de uma atividade prévia do Espírito (cf. Atos 13:1-2; 1Timóteo 4:14).

[19] A única exceção ocorre em Filipenses, passagem em que Paulo escreve à igreja "juntamente com os bispos e diáconos". Também podemos incluir Filemom, em que Paulo inclui Arquipo na saudação, mas, como a carta é dirigida a Filemom, o apóstolo prossegue mencionando outros dois indivíduos antes de incluir a igreja. Alguns podem argumentar, é claro, que 1Timóteo e Tito também são exceções, porém esses jovens companheiros servem como delegados apostólicos do próprio Paulo em Éfeso e em Creta. Ambos são itinerantes, e sua estada é temporária. Portanto, não são líderes da igreja local.

b) os líderes são raramente (ou nunca)[20] escolhidos para fazer com que as diretrizes de determinada carta sejam cumpridas ou para eles mesmos as cumprirem.

Ao contrário, em cada caso, os autores se dirigem à comunidade como um todo, e a expectativa da carta é que haja uma resposta daquela comunidade às suas diretrizes. Os líderes são mencionados em diversos casos (por exemplo, 1Tessalonicenses 5:12-13; 1Coríntios 16:16; Hebreus 13:17), mas, basicamente, para falar da atitude da comunidade com relação a eles. Em 1Pedro 5:1-4, a mensagem é (aparentemente)[21] dirigida aos próprios líderes e, nesse caso, refere-se às suas atitudes e responsabilidades para com os demais.

Assim, em 1Tessalonicenses 5:12-13, por exemplo, toda a comunidade é aconselhada, entre outras coisas, a respeitar aqueles que trabalham entre eles, cuidam deles[22] e os aconselham. Nos versículos 14-15, quando os exorta a que "advirtam os ociosos, confortem os desanimados, auxiliem os fracos, sejam pacientes para com todos", Paulo está, mais uma vez, referindo-se à *comunidade como um todo*, e não a uma liderança em particular. Da

---

[20] A única exceção provavelmente ocorre em Filipenses 4:3, passagem em que Paulo pede a um cooperador de confiança que medeie as diferenças entre Evódia e Síntique, porém o mais provável é que, como essas duas mulheres também foram designadas como suas cooperadoras, ele esteja pedindo ajuda não de um líder da igreja em si, mas de alguém que foi colaborador tanto de Paulo como delas. Da mesma forma, na nota anterior, Timóteo e Tito são "líderes" de um tipo diferente. Ambos, em suas respectivas situações, estão no lugar de Paulo, ou seja, não são líderes locais à frente da igreja.

[21] Esse parece ser o caso, apesar do correspondente "jovens", no versículo 5.

[22] O verbo utilizado nesse caso é ambíguo no grego e significa tanto "governar" como "cuidar". Além de 1Timóteo 3:4-5, em outras partes do Novo Testamento, como aqui, é utilizado de uma forma que não nos permite determinar qual nuance é pretendida. Mas, na passagem de Timóteo, o sinônimo empregado para substituí-lo no versículo 5 significa, de forma nada ambígua, "cuidar". Esse parece ser o significado que Paulo tinha em mente. Cf. E. Best, *The First and Second Epistles to the Thessalonians* (San Francisco: Harper, 1972), p. 224-5.

mesma forma, em 2Tessalonicenses 3:14, toda a comunidade deve "marcar" aquela pessoa que não obedece à instrução de Paulo, e os crentes "não devem associar-se a ela". Da mesma forma, em toda 1Coríntios nenhuma das diretrizes é dirigida à liderança; e, em 14:26, a adoração deles é singularmente coletiva por natureza ("Quando vocês [plural] se reúnem, *cada um de vocês tem* [...]. Tudo seja feito para a edificação da igreja"). Aqui temos a nítida impressão de que pessoas e líderes estão igualmente sob a soberana direção do Espírito Santo.

Não digo isso para diminuir o papel da liderança;[23] ao contrário, digo para reconhecer que os líderes são sempre vistos nos documentos neotestamentários como *parte do povo de Deus*, e nunca como um grupo separado. Consequentemente, eles "trabalham entre" vocês, Paulo diz repetidas vezes, e seu dever em Efésios 4:11-16 é especialmente "preparar o povo de Deus ['os santos'] para a obra do ministério, para que o corpo de Cristo seja edificado". Assim, o modelo presente no Novo Testamento não é de clérigos e leigos, mas do povo de Deus como um todo, em que os líderes atuam a serviço dos demais.

Tudo isso está de acordo com a instrução de Jesus de que eles não deveriam chamar ninguém de "rabi", "pai" ou "mestre", pois "um só é o mestre de vocês, e todos vocês são irmãos e irmãs" (Mateus 23:8-12), e com a declaração de que "aqueles que são considerados governantes das nações as dominam, e as pessoas importantes exercem poder sobre elas. Não será assim entre vocês. Pelo contrário, quem quiser tornar-se importante entre vocês deverá ser servo; e quem quiser ser o primeiro deverá ser escravo de todos" (Marcos 10:42-44).

---

[23] Na verdade, embora alguns estudiosos do Novo Testamento discordem, é improvável que as primeiras comunidades tenham existido por muito tempo sem uma liderança local. O cenário que Lucas apresenta em Atos 14:23 é historicamente plausível, em face da clara evidência de liderança nas primeiras cartas paulinas (1Tessalonicenses 5:12-13) — uma comunidade na qual ele não se demorava muito, cuja liderança deveria ficar em seu lugar quando ele fosse tirado deles sem aviso (Atos 17:10; 1Tessalonicenses 2:17).

2.2.2 Os imperativos do Novo Testamento

Fortemente vinculada a isso, está outra realidade muitas vezes perdida em uma cultura individualista, a saber, que os imperativos nas Epístolas são coletivos por natureza e têm a ver, antes de tudo, com a comunidade e sua vida juntos. Elas se dirigem a indivíduos apenas na condição de parte da comunidade. Na igreja do primeiro século, tudo era feito *allelōn* ("um para o outro"). Eles eram membros uns dos outros (Romanos 12:5; Efésios 4:25)[24] e deveriam edificar uns aos outros (1Tessalonicenses 5:11; Romanos 14:19), cuidar uns dos outros (1Coríntios 12:25), amar uns aos outros (1Tessalonicenses 3:12; 4:9; Romanos 13:8; 1João *passim*), suportar uns aos outros com amor (Efésios 4:2), carregar os fardos pesados uns dos outros (Gálatas 6:2), ser bondosos e compassivos uns para com os outros, perdoando-se mutuamente (Efésios 4:32), sujeitar-se uns aos outros (Efésios 5:21), considerar os outros superiores a si mesmos (Filipenses 2:3), dedicar-se uns aos outros com amor fraternal (Romanos 12:10) e viver em harmonia uns com os outros (Romanos 12:16).

Todos os imperativos neotestamentários devem ser compreendidos dentro dessa estrutura. Infelizmente, muitos textos em que Paulo se dirige à comunidade como um todo têm sido individualizados, perdendo, assim, boa parte de sua força e de seu impacto. Por exemplo, em 1Coríntios 3:10-15, Paulo não está falando de crentes que estão construindo sua vida individual em Cristo; ao contrário, a advertência no versículo 10 ("Contudo, veja cada um como constrói") é voltada precisamente para aqueles que, em Corinto, eram responsáveis por edificar a igreja, para que o fizessem com materiais não perecíveis, compatíveis com o alicerce (o Messias crucificado), não com "sabedoria" ou com divisões. Da mesma forma, os versículos 16-17 são um alerta àqueles

---

[24] Essa é uma referência óbvia à igreja como Corpo de Cristo, outra imagem coletiva utilizada por Paulo que não abordei neste capítulo, por ser muito óbvia e carecer de raízes no Antigo Testamento.

que poderiam "destruir" o templo de Deus, a igreja em Corinto, com suas divisões e com seu fascínio pela "sabedoria". E por aí vai. "Ponham em ação a salvação de vocês com temor e tremor, pois é Deus quem efetua em vocês tanto o querer quanto o realizar, de acordo com a boa vontade dele" (Filipenses 2:12-13), essa não é uma ordem aos indivíduos da comunidade, para que trabalhem mais sua vida cristã. Paulo está falando a uma comunidade cujos membros estão sem sincronia (como os v. 1-5 deixam claro) e que precisa pôr em ação sua salvação comum com a ajuda de Deus. Na mesma linha, é impossível calcular quantas interpretações equivocadas já foram feitas de 1Coríntios 12—14, pois o texto tem sido visto fora do contexto da comunidade no culto.

Tudo isso para dizer que o povo de Deus no Novo Testamento ainda é pensado coletiva e individualmente apenas na condição de membros da comunidade. E a liderança é sempre vista como parte do todo. Líderes não exercem autoridade sobre o povo de Deus, embora a comunidade deva respeitá-los e submeter-se à sua liderança. Em vez disso, eles são "servos da lavoura" (1Coríntios 3:5-9) ou "encarregados" (1Coríntios 4:1-3). O Novo Testamento não está preocupado com o lugar que eles ocupam em uma estrutura eclesiástica (por isso, conforme observaremos a seguir, sabemos muito pouco sobre o assunto), mas com sua atitude e natureza de servos. Eles não dominam,[25] mas servem e cuidam — e fazem isso dentro de seu círculo, por assim dizer.

3. AS BASES TEOLÓGICAS PARA O POVO DE DEUS DO NOVO TESTAMENTO

Antes de voltarmos a atenção para algumas observações sobre a natureza das estruturas e do ministério no Novo Testamento, temos

---

[25] A linguagem de "governo" e "autoridade" está ausente nas passagens neotestamentárias que falam de liderança, exceto quando Paulo se refere à sua autoridade apostólica nas igrejas.

de falar da base teológica/experimental da *descontinuidade* entre a igreja do Novo Testamento e o antigo povo, por ser ela um povo recém-constituído, o que, por sua vez, explica sua atitude tranquila quanto às estruturas eclesiásticas em si. Sugiro que essa base seja uma combinação de três realidades:[26] a obra de Cristo, o dom do Espírito e a estrutura escatológica dentro da qual essas duas realidades eram entendidas.

3.1 A obra de Cristo

Não precisamos detalhar esse ponto. A verdade única e central do Novo Testamento é que "este Jesus, a quem vocês crucificaram, Deus o fez Senhor e Cristo" (Atos 2:36), e isso muda tudo. Por um lado, ele "cumpre" toda forma de esperanças e expectativas, funcionando, assim, tanto como continuidade quanto como descontinuidade com o antigo: ele é a "semente" de Abraão, herdeiro das promessas de Abraão, por meio de quem judeus e gentios são agora "herdeiros segundo a promessa" (Gálatas 3:16, 29); ele é o sumo sacerdote, cujo autossacrifício singular elimina todos os outros sacerdotes e ofertas e por meio do quem agora temos acesso direto ao Pai (Hebreus); ele é a pedra rejeitada que agora se tornou a pedra angular, por meio da qual nos tornamos pedras vivas na nova "casa espiritual" de Deus (1Pedro 2:4-8).

Por outro lado, a morte e a ressurreição de Cristo põem fim ao antigo e iniciam o novo. Sua morte ratifica a nova aliança para que o povo de Deus seja constituído de uma nova maneira — com base na fé em Cristo e incluindo gentios e judeus.[27] Sua ressurreição colocou o

---

[26] Para sermos mais completos e precisos, devemos começar com a principal pressuposição teológica deles: que o único Deus — santo, soberano e gracioso — havia planejado sua salvação, que ele efetivou em Cristo e tornou disponível a todos por meio do Espírito (veja, por exemplo, Gálatas 4:4-7).

[27] Uma ilustração clássica da dificuldade que o próprio Paulo tinha com essa continuidade e descontinuidade entre o novo e o antigo — expressa na questão sobre gentios

futuro em movimento de tal forma que esse povo recém-constituído é "levantado com ele" e ingressa em um novo modo de existência — tanto que também surgiu uma compreensão radicalmente nova dessa existência.

Obviamente, esse é o foco da teologia neotestamentária e a principal razão para a descontinuidade com o antigo povo de Deus (agora, eles devem passar por Cristo para pertencer ao povo de Deus). Mas esse foco não explica, por si só, por que o povo de Deus também se sentia um *povo recém-constituído*.[28] Isso só pode ser explicado pelo pano de fundo escatológico em que baseavam sua compreensão de si mesmos e pelo papel do Espírito dentro dessa compreensão.

3.2 O dom do Espírito

Embora o povo de Deus do Novo Testamento se tenha constituído com base na morte e na ressurreição de Cristo, o Espírito que apropriou essa obra na vida deles era a chave para sua atual existência como povo. O Espírito é tanto a *evidência* de que o futuro escatológico de Deus chegou (Atos 2:16-22) como a *garantia* de nossa herança em sua consumação (Efésios 1:13-14).[29]

---

e judeus — é Romanos 11, passagem em que se diz que os gentios foram enxertados na oliveira e "agora participam da seiva que vem da raiz da oliveira" (v. 17). No entanto, o próprio Israel deve ser reenxertado para ser salvo.

[28] Afinal, como Lucas retrata em Atos 1—6, no início os primeiros cristãos viviam no judaísmo — e certamente esperavam que todos os judeus reconhecessem Jesus como Messias, Salvador e Senhor.

[29] Cf. as poderosas metáforas escatológicas do Espírito em Paulo que reafirmam esses pontos: "selo" (2Coríntios 1:21-22; Efésios 1:13; 4:30); "garantia" (2Coríntios 1:21-22; 5:5; Efésios 1:14); "primeiros frutos" (Romanos 8:23). A última metáfora em particular nos ajuda a entender como Paulo enxergava a vida no Espírito, vivida na tensão escatológica entre o "já" e o "ainda não", enquanto o Espírito é, ao mesmo tempo, a garantia de nosso futuro. O contexto geral de Romanos 8:12-27 é especialmente interessante. Com

O Espírito é o que diferencia o povo de Deus do restante; é por meio dele que o povo entende a sabedoria da cruz, que o mundo considera loucura (1Coríntios 2:6-16). É à experiência comum no Espírito de judeus e gentios, somada à contínua experiência das atividades do Espírito entre eles, que Paulo apela na Galácia como evidência da nova forma de ser povo de Deus (Gálatas 3:2-5); e o Espírito pelo qual eles andam, vivem e são guiados é a razão pela qual eles já não precisam mais da Torá (5:16-26). Cristo não apenas pôs fim à Torá, mas também, ao pertencer a ele, os cristãos crucificaram a carne (Gálatas 5:24), que era despertada pela Torá (Romanos 7:5). Por meio do Espírito, eles cumprem toda a Torá, assim como a lei de Cristo, amando uns aos outros (Gálatas 5:13-14; 6:2).

Além disso, o Espírito é a chave para sua existência como povo. Por meio de Cristo, judeus e gentios têm "acesso ao Pai, por um só Espírito" (Efésios 2:18). Por sua experiência comum e pródiga do Espírito, muitos em Corinto, com todas as suas diferenças e sua diversidade, tornaram-se o único Corpo de Cristo (1Coríntios 12:13); pela permanência do Espírito neles/entre eles, formavam o templo de Deus, santo para ele — separado para seus propósitos, uma alternativa divina para Corinto (1Coríntios 3:16-17).

Finalmente, o Espírito serve como chave para sua nova visão de sacerdócio. O sacerdócio não pertence a indivíduos com cargos herdados, nem a indivíduos com os novos cargos criados. O sacerdócio está no dom do Espírito. Deus colocou sacerdotes na igreja por meio de

---

o Espírito desempenhando o papel principal, nos versículos 15-17 Paulo chega aos temas 1) de nossa atual posição como filhos e herdeiros com Cristo da glória do Pai e 2) de nossa atual existência de fraqueza e sofrimento enquanto esperamos por aquela glória. Esses são os dois temas abordados nos versículos 18-27. Pelo Espírito, já recebemos nossa "adoção" como filhos de Deus, mas o que é "já" também é "ainda não"; logo, pelo mesmo Espírito, que funciona para nós como primícia, esperamos nossa final "adoção como filhos", "a redenção de nossos corpos". Esse primeiro molho é a garantia que Deus nos concede da colheita final.

seu Espírito. E, como o Espírito é o Espírito escatológico da profecia de Joel, todo o povo de Deus é composto de profetas em potencial — judeus/gentios, homens/mulheres, senhores/escravos. O Espírito não se importa com raça, sexo ou posição social. Ele capacita quem quer, para o bem comum (1Coríntios 12:7-11).

Portanto, o Espírito, tão disponível a todos, capacitando muita gente de diversas maneiras, de acordo com a sua vontade, é o ingrediente crucial da nova autocompreensão do povo de Deus — e, assim, de sua descontinuidade com o antigo.

3.3 A estrutura escatológica

O resultado final da morte e da ressurreição de Jesus, seguido pelo advento do Espírito, foi que a igreja do primeiro século entendeu a si mesma como uma comunidade escatológica "sobre quem tem chegado o fim dos tempos" (1Coríntios 10:11). Sua cidadania já estava no paraíso, de onde ela esperava o retorno de Cristo para a consumação final (Filipenses 3:20-21). Com a ressurreição de Cristo, Deus colocou o futuro inexoravelmente em movimento (1Coríntios 15:20-28), de modo que a atual forma deste mundo está passando (1Coríntios 7:31).

Assim, a igreja do primeiro século entendia o futuro como "já", mas "ainda não",[30] e sua experiência como "entre os tempos". Na ceia do Senhor, eles celebravam "a morte do Senhor até que ele venha" (1Coríntios 11:26). Eles foram marcados com a eternidade por meio da ressurreição e do dom do Espírito. Eles foram regenerados "para uma esperança viva, [...] para uma herança que jamais poderá perecer" e que está "guardada nos céus" para eles (1Pedro 1:3-5).

---

[30] Cf. 1João 3:2: "Amados, *agora* somos filhos de Deus, e *ainda não* se manifestou o que havemos de ser, mas sabemos que, quando ele se manifestar, seremos semelhantes a ele, pois o veremos como ele é".

Eles já "se assentaram nos lugares celestiais" em Cristo (Efésios 1:3). Por isso, eles estavam vivendo em sua existência atual a vida do futuro, da forma como as coisas eventualmente seriam, enquanto esperavam a consumação. É à luz das realidades escatológicas de sua existência, portanto, que Paulo tenta envergonhar os coríntios ao banalizar tanto a necessidade de reparar suas queixas como os tribunais seculares em que tal litígio aconteceu, pois, à luz da realidade escatológica, tais coisas não tinham importância alguma (1Coríntios 6:1-6).

Foi nesse sentido, mais do que em qualquer outro, que a morte e a ressurreição de Cristo marcaram a virada dos tempos e que o Espírito neles/entre eles foi o sinal de Deus e a garantia de seu futuro que marcou o ponto crucial de descontinuidade com o antigo. Com Cristo e com o Espírito, eles *já haviam iniciado sua existência como futuro povo de Deus*. E é precisamente essa nova existência escatológica que transforma a compreensão que eles tinham sobre ser seu povo. O futuro já havia começado; o Espírito veio sobre todos igualmente, de modo que as únicas diferenças entre/no meio deles refletiam a diversidade de dons do Espírito, e não uma hierarquia de pessoas e cargos. Não pode haver "reis" ou "sacerdotes" nessa nova ordem, pois esse reino futuro inaugurado por Jesus e pelo Espírito é o reino de Deus, representando, portanto, um retorno ainda mais grandioso à teocracia, que foi a primeira ordem de Deus para Israel.

4. ESTRUTURA E SACERDÓCIO NO NOVO TESTAMENTO

Como já dito, uma das questões verdadeiramente desconcertantes nos estudos do Novo Testamento é determinar a forma que a liderança e as estruturas assumiram nas primeiras congregações do povo de Deus da Nova Aliança. As dificuldades aqui derivam da falta de instruções explícitas e intencionais, conforme mencionamos no início deste capítulo. As razões para isso estão relacionadas com a dupla realidade de sua existência escatológica e de sua experiência do Espírito, para não mencionar o simples fato de que alguém raramente instrui sobre algo que todos já sabem.

O que espero fazer aqui é oferecer algumas reflexões sobre os dados, à medida que eles chegam a nós por meio de documentos. Diversas questões parecem quase certas:

4.1 Havia dois tipos de liderança[31]

Por um lado, havia itinerantes como o apóstolo Paulo e outros, pessoas que fundavam igrejas e exerciam óbvia autoridade sobre elas. Por outro lado, quando o fundador itinerante, ou quem ele havia delegado para aquela comunidade não estava presente, parece que a liderança no cenário local era deixada nas mãos de "presbíteros",[32] termo que está sempre no plural no Novo Testamento. Assim, Paulo fundou a igreja de Corinto, portanto era a ele que deveriam obedecer — tanto que ele denuncia com veemência outros "apóstolos" que ensinavam doutrinas estranhas em seu território (cf. 2Coríntios 10:12-18).

Seguindo essa linha, Paulo designa Timóteo e, aparentemente, mais tarde, Tíquico, para arrumar a bagunça criada pelos falsos mestres em Éfeso, que, do meu ponto de vista, eram presbíteros desviados.[33] Timóteo não era o "pastor"; ele estava ali no lugar de Paulo e exercia a autoridade de Paulo. No entanto, ele deveria substituir os presbíteros caídos por novos presbíteros, pessoas que cuidassem da igreja e ensinassem depois de Timóteo partir (1Timóteo 5:17-22;

---

[31] Não eram os dois tipos geralmente apresentados na literatura: carismático e regular. Ao contrário, é itinerante e local. A autoridade estava com o itinerante, estivesse ele no local ou não.

[32] Dado que as primeiras congregações nasceram do judaísmo, é praticamente certo que os presbíteros (principalmente leigos) das sinagogas judaicas serviram de modelo para as primeiras comunidades cristãs.

[33] Veja Fee, *1 and 2 Timothy, Titus*, p. 7-10.

2Timóteo 2:2; 4:9). Os presbíteros das igrejas locais parecem ter sido compostos tanto por *episkopoi* ("encarregados") como por *diakonoi* ("diáconos"), que provavelmente executavam tarefas diferentes, mas, a essa distância, não podemos ter certeza sobre o que, de fato, eram (à exceção dos *episkopoi*, que eram "aptos para ensinar", 1Timóteo 3:2).

A não ser que Apocalipse 2—3 mostre uma exceção, não há evidência no Novo Testamento de um líder solo em nível local que não fosse, ao mesmo tempo, um itinerante. O status de Tiago em Jerusalém é uma questão mais conturbada e complexa. Em um período anterior, evidenciado tanto por Lucas como por Paulo, ele parece ter sido um entre iguais. Mas, como os outros se mudaram e ele permaneceu, parece que acabou sendo o líder maior, porém é difícil definir suas atribuições. De qualquer forma, ele não era natural de Jerusalém — um tipo de "itinerante permanente"? — e provavelmente exercia o mesmo tipo de liderança de Paulo sobre suas comunidades.

4.2 A autoridade apostólica era limitada

Devido à autoridade conferida ao apóstolo na condição de fundador de igrejas — seja pelo próprio apóstolo, seja, como no caso de Epafras, por um dos cooperadores do apóstolo —, não parece haver nenhuma outra autoridade externa para as igrejas locais. Ou seja, aparentemente, os apóstolos não assumiam autoridade sobre igrejas que não haviam fundado. A abordagem consideravelmente mais restrita de Paulo à igreja em Roma, em contraste com suas outras cartas, serve como evidência disso.

Além disso, embora haja um tipo de colegialidade entre "apóstolos" e "presbíteros", Paulo não considerava que algum deles tivesse autoridade sobre ele, embora sentisse uma espécie de urgência para que todos estivessem juntos nisso. Portanto, parece ter havido uma pluralidade entre a liderança com reconhecimento das esferas e ministérios uns dos outros conforme atribuídos por Deus (Gálatas 2:6-10).

4.3 Não autoridade, mas sacerdócio

À parte da autoridade dos apóstolos sobre as igrejas que haviam fundado, parece que havia pouco interesse na questão da "autoridade" em nível local. É claro que as pessoas são orientadas a respeitar e a se submeter àqueles que trabalham entre eles e servem no Senhor (1Coríntios 16:16; Hebreus 13:17). Mas o interesse não está na autoridade deles em si, e sim no papel que desempenham ao cuidar dos outros.

A preocupação com a administração e com os papéis dentro das estruturas eclesiásticas surgiu *depois*. Apesar disso, a dupla questão do laicato e da ordenação de mulheres está sempre associada à questão da autoridade no debate evangélico contemporâneo. O que sempre se pergunta é: "Quem está no comando por aqui?" — justamente o que põe esse debate fora dos propósitos do Novo Testamento.

4.4 Pessoas, dons e "cargos"

Uma das dificuldades nas cartas paulinas é determinar a relação entre certos dons, especialmente a profecia e o ensino (por exemplo, em 1Coríntios 14:6,26), e as pessoas designadas como profetas e mestres. A clara implicação de 1Coríntios 14:6,26-33 é que o ensino, por exemplo, é um dom exercido por qualquer um na comunidade, enquanto, em 12:28, Paulo situa os profetas e mestres depois dos apóstolos, como presentes de Deus para a comunidade. É provável que ambos os fenômenos existissem lado a lado: ou seja, profetizar e ensinar, assim como outros dons, eram regularmente exercidos de maneira mais espontânea por qualquer pessoa e por todos os membros da comunidade, ao passo que alguns dos que exerciam esses dons regularmente eram reconhecidos como "profetas" e "mestres". O primeiro seria uma ministração para a edificação da comunidade, e o último naturalmente despontaria em papéis de liderança espiritual dentro da comunidade.

4.5. Conclusão

Portanto, em última análise, sabemos muito pouco sobre a administração das igrejas locais, bem como da igreja como um todo. Podemos tomar como certo que existiam estruturas de algum tipo, mas a forma que assumiram simplesmente não é um interesse dos documentos em si. É discutível que pelo menos parte da razão para isso seja seu senso coletivo de vida como povo de Deus, cujos líderes não se consideravam "ordenados" para guiar o povo, mas "dotados" para fazê-lo, como um dom entre tantos outros.[34]

5. ALGUMAS OBSERVAÇÕES HERMENÊUTICAS

Como, então, tudo isso — ou parte disso — se aplica a nós? Aqui nossas dificuldades são uma mistura de diversas realidades. Em primeiro lugar, como lidar com a revelação bíblica que chega a nós menos como instruções diretas e mais por nossas observações sobre o que pode ser adquirido por uma grande variedade de textos? Em segundo lugar, se pensarmos em termos de "modelo" segundo a igreja do Novo Testamento, por qual dos vários modelos devemos optar e por quê? Em terceiro lugar, já que estamos inseridos em várias tradições e uma vez que muita água passou por baixo dessa ponte em todos os casos, que diferença isso faz em nossa história, coletiva ou pessoal? Não tenho a ilusão de que eu possa resolver essas questões. De fato, elas apenas suscitam

---

[34] Sobre esse assunto, veja especialmente como o particípio para os líderes "que exercem liderança" encontra-se escondido entre "contribuir generosamente" e "mostrar misericórdia" em Romanos 12:8.

algumas das profundas questões hermenêuticas que há muito dividem o povo de Deus. Para a maioria de nós, há conforto no que conhecemos, e as estruturas que usamos são facilmente vistas como bíblicas. Apesar disso, quero concluir este capítulo com algumas observações.

5.1

Todos provavelmente deveríamos ceder à realidade de que não existe uma estrutura eclesiástica explicitamente revelada que sirva como ordem divina para todas as épocas e todos os lugares. Apesar disso, creio que existam *ideais* pelos quais podemos lutar, embora possamos muito bem manter as estruturas em seu devido lugar. A esse respeito, eu colocaria no nível mais alto de prioridade a necessidade de modelar a igreja como uma comunidade escatológica do Espírito, em que pensamos a igreja como um único povo entre o qual os líderes servem como um entre muitos outros dons e que uma das prioridades básicas da liderança é equipar e capacitar outras pessoas para o ministério maior da igreja. Apesar dos anos arraigados à ideia de "divisão de trabalho", estou convencido de que um modelo mais bíblico possa ser implementado dentro de praticamente qualquer estrutura atual. Mas será necessária uma genuína renovação do Espírito Santo para que o "clero" deixe de se sentir ameaçado por dons e ministérios compartilhados, e que o povo deixe de "pagar ao pregador para fazer tudo".

5.2

Quanto às estruturas em si, considero a hipótese de que o modelo surgido após uma transferência de papéis permitiu que emergisse um líder local mais *permanente*, único, porém agora baseado no modelo do *apóstolo itinerante*. Isso não me incomoda, desde que o modelo de um único pastor exercendo grande autoridade na igreja local não seja defendido como algo bíblico em si. O perigo desse modelo é que ele tende a concentrar tanto a autoridade como o sacerdócio nas mãos de uma ou de poucas pessoas, que não podem ser tão eficazes a ponto de preencher todas as necessidades da comunidade local. Além disso, a liderança, especialmente a do tipo mais visível, pode ser inebriante. O grande problema com a liderança única, para mim, é a tripla tendência de desenvolver orgulho por causa da posição, amor pela autoridade e falta de responsabilidade. No mais, a liderança da igreja precisa de modelos que minimizem essas tendências e maximizem a servidão.

5.3

Portanto, defendo um movimento em direção a uma visão mais bíblica da igreja e da liderança, que não elimine o "clero" — exceto por todas as conotações erradas inerentes ao termo —, mas que busque uma liderança e um povo renovados, de modo que a ordenação não seja tanto para um ofício, mas para o reconhecimento de um dom concedido pelo Espírito, e que o papel da liderança seja mais semelhante ao de Efésios 4:11-16, a fim de preparar toda a igreja para o sacerdócio de si mesma e do mundo.

5.4

Se as estruturas da igreja do Novo Testamento em si não são necessariamente nosso objetivo, creio que o resgate da visão neotestamentária de igreja com certeza é. Se a igreja deve ser a alternativa genuína de Deus para o mundo, um povo que verdadeiramente carregue seu nome, então devemos tornar-nos outra vez um povo escatológico, cidadãos de outra terra, cuja vida no Espírito seja menos credal e cerebral, e mais plenamente bíblica e experiencial, um povo cujo senso coletivo de existência seja tão dinâmico e genuíno que eles possam dizer de novo a nosso respeito: "Como aqueles cristãos se amam!".

CAPÍTULO 11
Reflexões sobre a ordem eclesiástica nas Cartas Pastorais

Há um velho ditado em inglês que diz: "Dê um nome ruim a um cachorro e enforque-o".[1] O mesmo pode ser dito de um nome elogioso. Quando Paul Anton (1661-1730), de Halle, em 1726 deu às cartas de Paulo a Timóteo e a Tito o nome de Cartas Pastorais pela primeira vez, e o nome pegou, elas passaram a ser lidas e entendidas para sempre como consistindo "principalmente de conselhos para jovens ministros".[2] Sejam quais forem as opiniões sobre a questão da autoria,[3] a visão acerca do motivo e do propósito desses textos tem sido basicamente

---

[1] Do original: *Give a dog an ill name and hang him*. Esse provérbio inglês fala da dificuldade de se recuperar a reputação após ter o nome maculado. "Dar um nome ruim" é, literalmente, falar mal e, assim, "enforcar", destruir a imagem de alguém perante a sociedade. (N. da T.)

[2] Veja, por exemplo, A. M. Hunter, *Introducing the New Testament*, 2. ed. rev. ed. (London: SCM, 1957), p. 148.

[3] Embora esse seja o grande problema das Cartas Pastorais e afete quase tudo que se diz sobre elas, não afeta tanto a questão de sua motivação e de seu propósito. Para argumentos favoráveis e contrários à autoria paulina, veja (favorável) D. Guthrie, *New Testament introduction*, 3. ed. rev. (Downers Grove: InterVarsity, 1970), p. 584-634 [ed. brasileira: *Teologia do Novo Testamento* (São Paulo: Cultura Cristã, 2011)]; A. T. Hanson, *The Pastoral Epistles* (Grand Rapids: Eerdmans, 1982), p. 2-51. Embora reconheça as dificuldades, estou convencido de que as Cartas Pastorais são paulinas porque, *inter alia*, (1) podemos entendê-las como se encaixando perfeitamente na situação histórica de meados dos anos 60 d.C.; (2) Ainda não vi ninguém dar uma boa resposta à pergunta: Por que três cartas?

uma só. Tanto durante a vida de Paulo como mais tarde, elas são vistas como respostas à invasão de ideias estranhas em algumas comunidades paulinas, com o objetivo de restabelecer a ordem, como um antídoto adequado à heresia. Por isso, eram lidas e consultadas como "manuais para a igreja", cuja intenção básica era dar à igreja instruções sobre sua ordem, à luz da idade avançada e da morte iminente de Paulo (ou do declínio de sua influência no final do primeiro século, para aqueles que consideram as cartas pseudepígrafos). De fato, essa visão está tão impregnada na igreja que, recentemente, um curso de exegese dessas cartas que eu ministrei em um seminário deu aos participantes créditos para as exigências de seu ministério pastoral.

Tenho dois objetivos neste capítulo. Primeiro: oferecer uma alternativa à forma tradicional de se enxergar a motivação e o propósito das Cartas Pastorais (aqui limitadas a 1Timóteo). Segundo: reexaminar as questões sobre a ordem eclesiástica à luz de sua exegese e oferecer sugestões sobre sua relevância contemporânea. E são apenas sugestões: nenhuma aplicação específica a nenhuma igreja local ou denominação está sendo reivindicada.

A abordagem das Cartas Pastorais como "manuais para a igreja" quase sempre implica que a ameaça dos falsos mestres foi a motivação de 1Timóteo, mas, em geral, perde de vista essa motivação na exegese da carta, a não ser nas passagens em que os falsos mestres são especificamente mencionados. Assim, após preparar o caminho no capítulo 1, ao ordenar que Timóteo detenha os falsos mestres, a verdadeira preocupação de Paulo, a "ordenação" da igreja, começa no capítulo 2 com instruções sobre a oração (2:1-8). Isso, por sua vez, abre caminho para a discussão sobre o papel das mulheres na igreja — elas devem ficar quietas (2:9-15) —, seguida de instruções para a nomeação de supervisores e diáconos (3:1-13). Após outra nota breve sobre os falsos mestres, em 4:1-5, Paulo aponta Timóteo como

---

Ou seja, dado 1Timóteo, por que um pseudepígrafo escreveu Tito, e em face de 1Timóteo e Tito e dos assuntos abordados nessas cartas, por que ele também escreveria 2Timóteo?

modelo de sacerdócio (4:6—5:2). No capítulo 5, define critérios para uma ordem ministerial de viúvas (5:3-16) e regras sobre o pagamento e a disciplina dos presbíteros (5:17-25). Na conclusão, no capítulo 6, ele retoma o tema dos falsos mestres (6:3-5) e diz que Timóteo está servindo de modelo pastoral de perseverança ao manter firme a verdade do evangelho.

Por mais popular e profundamente enraizada que seja essa visão — nos dois lados da questão sobre a autenticidade —, há diversas razões para duvidarmos de que se trata de uma reflexão correta do que acontece em 1Timóteo. Além da absoluta falta de lógica no argumento da carta quando apresentado dessa forma, devemos lamentavelmente admitir que ela nos deixa com mais perguntas sobre a ordem eclesiástica que com respostas. (Certamente, essa perspectiva deveria ter sido questionada há muito tempo, pelo simples fato de que grupos tão diversos quanto os católicos romanos, os Irmãos de Plymouth e os presbiterianos utilizam as Cartas Pastorais como base para suas estruturas eclesiásticas.)

Ademais, uma cuidadosa exegese do todo — e também da maior parte dos parágrafos de forma individual — de 1Timóteo sugere que essa visão encontra grandes dificuldades exegéticas para se sustentar. Por exemplo, qualquer leitura minuciosa de 2:1-7 revela que a preocupação nesse parágrafo não é com a instrução sobre a oração em si, nem com a necessidade dos quatro tipos de oração oferecidos na igreja, muito menos com a oração a favor dos líderes para que os cristãos pudessem viver em paz (essas são as visões mais comuns). Antes, a ênfase é que a oração seja feita por todos, precisamente porque isso agrada ao único Deus, que deseja que todos sejam salvos e dos quais Cristo é o único Mediador, depois de entregar a si mesmo em resgate para todos. Essa ênfase dificilmente está de acordo com a abordagem "manual para a igreja" nesse parágrafo e, portanto, costuma ser ignorada ou até mesmo negligenciada.

Se 1Timóteo não é principalmente um manual para a igreja, o que, então, é? A chave para descobrir seu objetivo, como proponho aqui, é levar três dados a sério, dados que encontramos nas declarações do próprio Paulo sobre seus objetivos em 1Timóteo 1:3 e 3:15 e no conteúdo do discurso de despedida de Paulo registrado por Lucas em Atos 20:17-35, especialmente 20:30.

1) Em 1Timóteo 1:3, Paulo diz, de forma explícita, a Timóteo que a razão pela qual este foi deixado em Éfeso não era colocar a igreja em ordem (cf. Tito 1:5), mas, sim, "ordenar a certas pessoas que não mais ensinem doutrinas falsas". De fato, 1Timóteo por inteiro é dominada por essa preocupação específica e fica claro na carta que esses ensinamentos envolviam aberrações doutrinárias e comportamentais. Com base em especulações sobre o Antigo Testamento (= mitos e genealogias intermináveis, 1:4; cf. 1:7; Tito 1:14-16; 3:9), esse falso ensinamento é apresentado como *gnōsis* (6:20) e, aparentemente, apresentava um apelo esotérico — e exclusivista.[4]

Esse exclusivismo era reforçado por um apelo ao ideal ascético (4:3; talvez 5:23; cf. Tito 1:14-16), que, em Tito 1:14, é caricaturado na linguagem de Isaías 29:13 como "mandamentos dos homens". Os próprios falsos mestres fizeram com que seus ensinamentos fossem motivo de brigas e contendas acerca de palavras, afirma Paulo (6:3-5). De fato, indo contra a "sã doutrina" do evangelho, eles tinham um "interesse doentio" por controvérsias,[5] cujo resultado último era a ganância. Eles passaram a ver sua piedade como um meio de

---

[4] Ainda não há consenso nessa questão sobre a natureza dos falsos ensinamentos. O termo "gnóstico", especialmente no século 2, é enganoso. Poucos dos ingredientes essenciais desse sistema estavam presentes. Estou inclinado a uma visão que enxerga algumas afinidades com a "heresia" em Colossos alguns anos antes, o que provavelmente era uma forma de judaísmo helenista que absorveu boa parte do helenismo. Para formas mais antigas, porém divergentes, sobre essa visão, veja J. B. Lightfoot, *Biblical essays* (London: Macmillan, 1893), p. 411-8; F. J. A. Hort, *Judaistic christianity* (London: Macmillan, 1894), p. 132-3.

[5] Sobre o uso de linguagem médica (ensino "sólido" ou "saudável"; "interesse doentio por controvérsia") em contextos polêmicos do helenismo e das Cartas Pastorais, veja A. J. Malherbe, "Medical imagery in the Pastoral Epistles", in: W. E. March (Org.), *Texts and testaments: critical essays on the Bible and early church fathers* (San Antonio: Trinity University, 1980), p. 19-35.

acumular dracmas (6:5-10; cf. 3:3,8). Para Paulo, tal ensinamento era demoníaco (4:1-2), e seus seguidores se haviam desviado para seguir Satanás (5:15; cf. 2:14; 3:6-7; 2Timóteo 2:25).

Infelizmente, muitos pareciam estar se rendendo (4:1; 6:21; cf. 2Timóteo 1:15; 2:18; 4:3-4), e essa é a maior prioridade da carta — que Timóteo detenha os falsos mestres e, por meio de seu exemplo e ensinamento, salve os ouvintes deles (4:16).

2) Assim, o objetivo de sua segunda declaração sobre a razão para escrever (3:15) não é "para que vós saibais como convém te comportar na casa de Deus, que é a igreja do Deus vivo" (BKJ). Ela sugere que Timóteo aprenderia como fazer as coisas "na igreja", para que "vocês saibam que tipo de conduta convém a um membro da casa de Deus" (NAB).[6] Ou seja, Paulo está dando instruções sobre como o verdadeiro povo de Deus deve comportar-se, e não é como os falsos mestres ensinam. Na verdade, os capítulos 2—3 são mais bem entendidos como instruções vis-à-vis sobre o comportamento e as atitudes dos falsos mestres.[7]

3) Quando acrescentamos a evidência de Atos 20:30, fica claro que a tarefa de Timóteo em Éfeso, em contraste com a de Tito em Creta, não é ordenar presbíteros. A igreja de Éfeso já tinha seus presbíteros vários anos antes, e Paulo, nesse texto, está prevendo que entre eles próprios surgiriam alguns que levariam a igreja a se desviar.[8] Leve o conteúdo

---

[6] Tradução literal da *New American Bible*: "You will know what kind of conduct befits a member of God's household". (N. da T.) Não há uma citação direta ao assunto do infinitivo *anastrephesthai* ("para conduzir alguém") na frase de Paulo, e isso deve ser inferido pelo contexto. A versão King James traz "vós [...] a ti mesmo", porém é a opção menos provável. A Good News Bible traz "nós [...] nós mesmos", mas "pessoas [...] eles mesmos" (NAB, NEB e NIV) deve ser preferido. A versão The Living Bible ("Saiba que tipo de homens deverá escolher como oficiais para a igreja") é injustificável.

[7] A defesa completa dessa posição pode ser encontrada em meu comentário às Cartas Pastorais, na série *New international biblical commentary* (Hendrickson, 1988).

[8] As informações desse discurso devem ser levadas mais a sério por estudiosos de ambos os lados sobre a questão da autenticidade. Se for uma previsão verdadeira, então o registro de Lucas está de acordo com o que ele sabe que aconteceu. Se o discurso

dessa previsão a sério, como se realmente tivesse acontecido, e 1Timóteo fará sentido. A razão para a grande urgência de 1Timóteo e para a preocupação de Paulo com relação à recepção e ao bem-estar do próprio Timóteo está na probabilidade de que os falsos mestres mencionados na carta fossem presbíteros desviados do evangelho pregado por Paulo e em processo de induzir a igreja, ou muitos de seus membros, ao erro deles.

Essa probabilidade é apoiada por diversos outros dados:

a) Ao contrário de Gálatas e 2Coríntios, não há uma única evidência em 1 ou 2Timóteo de que os falsos mestres sejam de fora. Na verdade, tudo indica que eram pessoas de dentro.[9] Eles, sem dúvida, atuavam como mestres (1:3; 6:7; 6:3) e se haviam desviado e naufragado na fé (1:6,19); dois deles são citados e foram excomungados (1:20).

Uma vez que o ensino é dever dos presbíteros (3:2; 5:17), somos conduzidos à ideia de que os falsos mestres já eram mestres — e, portanto, presbíteros — que se desviaram.

b) Parece certo concluir, com base em 2:9-15 e 5:11-15 e 2Timóteo 3:6-7, que os falsos mestres exerciam bastante influência sobre algumas mulheres, especialmente as viúvas mais jovens. Elas abriam sua casa aos falsos mestres e acabavam se tornando, elas mesmas, propagadoras desses novos ensinamentos. Em 5:13, elas são descritas como ociosas, faladoras e indiscretas, pessoas que andam de casa em casa[10] falando coisas que não devem (cf. uma

---

foi criado por Lucas *depois* do fato, então é melhor argumentar que ele realmente o fez depois *do fato* — ou seja, com base no que sabia que havia acontecido em Éfeso. De qualquer forma, a deserção de alguns presbíteros nos anos 60 parece ser um dado histórico sólido.

[9] A única pessoa que conheço que também defendeu essa posição é E. Ellis, "Paul and his opponents", in: *Prophecy and hermeneutic in early christianity* (Grand Rapids: Eerdmans, 1978), p. 114. No entanto, ele não segue suas implicações para o motivo e o propósito da carta.

[10] Traduzir *phlyaroi* como "fofoca", como na maioria das traduções para o inglês, é incorreto e prejudicial. A palavra quer dizer "falar tolices", mas não no sentido de "fofocar". Ao contrário, na maioria de seus usos, quer dizer tagarelar sobre algo, seja de forma tola, seja com ideias tolas. O último sentido é encontrado em contextos polêmicos

descrição similar dos falsos mestres em 1:6-7); no versículo 15, é dito que elas "já se desviaram, para seguir a Satanás". Dado que, em 2Timóteo 3:6-9, os falsos mestres, retratados agora como charlatões religiosos iguais aos mágicos egípcios que se opuseram a Moisés, introduziam-se nas casas dessas mulheres, é muito provável que elas fossem abastadas e que essa fosse a fonte do "ganho desonesto" dos falsos mestres. Isso também explica a principal preocupação de 5:3-16, que não é estabelecer uma ordem ministerial de viúvas,[11] mas distinguir as que são "genuinamente" (*ontōs*; 5:3, 5, 16) viúvas, que precisavam de apoio da igreja, das jovens viúvas, que eram parte do problema de Éfeso.[12]

c) Assim, com base nas evidências de 2Timóteo 3:6-7 (os falsos mestres se introduzindo nas casas) e de 1Coríntios 16:19 (Áquila e Priscila tendo uma "igreja doméstica" em Éfeso), é muito provável que a vida corporativa da igreja de Éfeso não fosse experienciada em um grande encontro aos domingos, em um único santuário, mas em muitas casas que funcionavam como igrejas, cada qual com seu(s) presbítero(s). Se isso procede, então 2:8 é um conselho para cada uma dessas igrejas domésticas: "Quero, pois que os homens orem [= enquanto estiverem reunidos no culto][13] em todo lugar [*en panti*

---

para se referir ao falar tolices ou absurdos em face da verdade — justamente o que Paulo condena nos falsos mestres (1:6; 6:20; 2Timóteo 2:23).

[11] Essa é uma posição frequentemente defendida tendo como base alguns textos do segundo século (veja, *e.g.*, J. N. D. Kelly, *A commentary on the Pastoral Epistles* [New York: Harper, 1963], p. 112). Mas esses textos não deixam claro se existiu uma "ordem ministerial". Aludem, porém, à sua existência como um grupo identificável e refletem a preocupação com seu cuidado.

[12] Assim, os versículos 3-8 definem dois critérios: 1) as viúvas não devem ter uma família que as ajude; 2) elas devem ser piedosas, o que se nota pelas boas obras mencionadas no versículo 10.

[13] Para referências sobre orar com as mãos para cima no judaísmo, veja, *inter alia*, 1Reis 8:54; Salmos 63:4; 141:2; 2Macabeus 14:34; Fílon, *Flaccus* 121; Josefo, *Antiguidades judaicas* 4:40; para referências sobre o cristianismo do primeiro século, veja esp. Tertuliano, *On prayer* 17.

topō = em todos os lugares em que os cristãos se reúnem em Éfeso e nas redondezas],[14] levantando mãos santas [a postura natural para a oração], sem ira e sem discussões [*i.e.*, diferentemente dos falsos mestres, que fazem justamente isso]". O ponto de Paulo é seu desejo de que as várias reuniões (= igrejas domésticas) do povo de Deus em Éfeso sejam para oração (= adoração), e não lugares para especulações e controvérsias dos falsos mestres.

Portanto, o que podemos vislumbrar com base em todas essas evidências é um cenário em que cada uma das várias igrejas domésticas tinha um ou mais presbíteros. Assim, a questão não era tanto o fato de uma grande assembleia estar sendo dividida, mas, sim, que várias igrejas domésticas estavam cedendo quase totalmente à liderança desviada. Algumas ideias novas que circulavam no vale do Lico (Colossos, Laodiceia) apenas alguns anos antes[15] haviam chegado a Éfeso, mas agora de forma "oficial", propagadas por alguns de seus presbíteros. Eles precisaram ser impedidos, e Timóteo foi deixado em Éfeso para fazer isso.

Assim, o propósito de 1Timóteo surge dessas complexidades. Toda a carta contém evidências de que Paulo estava se dirigindo à igreja em si, e não apenas a Timóteo. Mas, por causa das deserções na liderança, ele não escreveu como fazia antes, diretamente à igreja, mas à igreja por meio de Timóteo. A razão para seguir por esse caminho pode ser dupla: 1) encorajar o próprio Timóteo a realizar a difícil tarefa de deter os presbíteros errantes, que se haviam tornado competitivos; 2) autorizar Timóteo perante a igreja a realizar essa tarefa. Ao mesmo tempo, é claro, a igreja teria os falsos mestres/ensinos expostos diante dela. Por isso, não há em 1Timóteo a ação de graças costumeira (cf. uma mais pessoal em 2Timóteo 1:3-5), e as saudações pessoais no final e

---

[14] Essa frase preposicional poderia significar "em todo lugar" (como na NIV), mas, quando Paulo quer dizer isso, geralmente o faz claramente (1Coríntios 11:26; 14:33). Além disso, universalizar a frase preposicional quando o resto da sentença se encaixa tão claramente na situação específica de Éfeso faz pouco sentido.

[15] Veja a nota 5, acima.

as palavras pessoais a Timóteo, da forma que aparecem (cf. 1:18-19; 4:6-16; 6:11-14), são subservientes à sua tarefa de restaurar a ordem na igreja.

Tal motivação e tal propósito também ajudam a explicar outro fenômeno da carta — a saber, que Paulo sempre convoca Timóteo a ensinar a "sã" ou "sólida" doutrina, mas sem explicar a natureza ou o conteúdo de tal ensinamento.[16] Agora, a razão é óbvia. A carta foi escrita a um antigo companheiro que não precisava dessa instrução. Mas a igreja precisava ouvir que os desvios eram uma doença entre eles e que o que Timóteo tinha a ensinar seriam palavras sãs (cf. 1:10). Assim como em 1Coríntios 4:17, Timóteo estava ali para lembrar a igreja dos caminhos de Paulo. A carta que o autorizava não precisaria detalhar tais "caminhos".

O que temos de fazer aqui é traçar o argumento de 1Timóteo para mostrar como ele funciona como resposta à reconstrução histórica proposta. Mas isso nos levaria a outro caminho — disponível em meu comentário mais recente.[17] Nossa preocupação aqui é examinar o que a carta diz sobre a ordem eclesiástica, à luz desse entendimento sobre o motivo e o propósito da carta.

Antes de tudo, é preciso lembrar, mais uma vez, que 1Timóteo não pretende estabelecer uma ordem eclesiástica, mas responder de forma bem *ad hoc* à situação dos efésios com seus presbíteros perdidos. Em outras palavras, o que aprendemos sobre a ordem eclesiástica em 1Timóteo não é tão organizacional, mas reformacional. Vemos reflexos da estrutura da igreja, não um organograma; paradigmas, não imperativos; qualificações, não deveres; correção de erros e abusos, não um manual de "como fazer" a organização da igreja. Reconstruir a ordem eclesiástica com base nessa epístola, portanto, enfrenta o mesmo tipo de dificuldade que a tentativa de

---

[16] Essa é uma objeção comum à autoria paulina (veja, por exemplo, como R. J. Karris começa seu artigo, "The background and significance of the polemic of the Pastoral Epistles", *JBL*, n. 92 [1973], p. 549-64).

[17] Veja a nota 7 acima.

reconstruir um culto do cristianismo do primeiro século com base em 1Coríntios 11—14.

Assim, a igreja já contava com seus presbíteros (1Timóteo 5:17), mas alguns insistiam no pecado e precisavam ser publicamente expostos ou repreendidos (5:20), para que os outros temessem.[18] Eles deveriam ser substituídos por pessoas comprovadamente cristãs (5:22,24-25; 3:4-7,10), com uma reputação exemplar ("irrepreensível", 3:2,10) e um comportamento que os distinguisse dos falsos mestres. O último grupo proibia o casamento (4:3); os verdadeiros presbíteros deviam ser maridos e pais exemplares (3:2, 4-5, 12).[19] Os falsos mestres achavam que "a piedade é grande fonte de lucro" (6:5); os verdadeiros presbíteros não deviam ser apegados ao dinheiro (3:3,8). Os falsos mestres causavam contendas e divisões (6:4-5); o verdadeiro presbítero não devia ser "violento, mas, sim, amável, pacífico" (3:3).

O mesmo se aplica às mulheres. Podemos supor que as mulheres atuavam como pregadoras do evangelho em Éfeso, da mesma forma que em outras igrejas paulinas (1Coríntios 11:4-5; Romanos 16:1; Filipenses 4:3; cf. Priscila em Atos). Mas, como as jovens viúvas que seguiam os falsos mestres causavam um efeito perturbador nessa igreja (5:13, 15), as mulheres foram instruídas a se vestir de maneira modesta (2:9-10; em contraste com aquelas que se tornaram devassas, 5:11-12), a aprender em silêncio (2:11-12, em contraste com aquelas que vão de casa [igreja?] em casa falar de coisas que não entendem, 5:13) e, finalmente, a se casar e construir uma família

---

[18] Isso presume, com Kelly (*Commentary*), J. P. Meier ("*Presbyteros* in the Pastoral Epistles" CBQ [1973], p. 325-37) e outros, que 5:17-25 está lidando com a disciplina e a substituição de presbíteros, contra Lock (*Commentary*, ICC), Dibelius Conzelmann (*Commentary*, Hermeneia) e outros, que pensam que os versículos 20-25 dizem respeito à restauração de pecadores penitentes.

[19] É tentador, com base em 2:9-10, 3:2, 5:11-15, 2Timóteo 3:6-7 e nas admoestações a Timóteo sobre se manter puro (1Timóteo 5:2,22), enxergar uma ligação sexual entre os falsos mestres e as viúvas jovens. Mas essa sugestão é um tanto especulativa.

(2:15; 5:14), como qualquer mulher decente e "piedosa" naquela cultura deveria fazer.

Entretanto, dizer que o que aprendemos não é intencionalmente organizacional, mas corretivo, não significa que não possamos aprender com essa correção. Meu ponto é que tal "instrução", como quase sempre ocorre em Paulo, não é intencionalmente sistemática, mas acidental e ocasional, por isso devemos tomar cuidado com nossa sistematização, para não ignorar a natureza ocasional do material na forma como ele chegou até nós. O que, então, podemos dizer com um alto grau de certeza sobre a ordem eclesiástica nas Cartas Pastorais?

1) É uma noção incorreta ver Timóteo ou Tito como modelos pastorais para a igreja local. As cartas simplesmente não têm tal propósito. Embora seja verdade que Timóteo e Tito detinham total autoridade apostólica, em ambos os casos eles eram itinerantes cumprindo uma missão especial, ou seja, estavam ali como apóstolos delegados por Paulo, não como pastores residentes e permanentes. Isso está muito longe do papel de Timóteo em Éfeso, do de Tito nas igrejas de Creta e de Inácio em Antioquia ou de Policarpo em Esmirna, cinquenta anos mais tarde.

De fato, Timóteo foi chamado para servir como exemplo de comportamento cristão (4:12), mas esse era exatamente o papel que Paulo desempenhava em suas igrejas. Eles deviam aprender os caminhos de Cristo ao seguir o modelo apostólico (2Tessalonicenses 1:6; 2:14; 1Coríntios 4:16; 11:1). Tanto Timóteo como Tito deviam ensinar, exortar e, claro, repreender; e essas também seriam a funções dos presbíteros depois que Paulo e seus companheiros itinerantes fossem embora. Mas eram, antes de tudo, funções apostólicas.

2) A responsabilidade pela liderança nas igrejas locais (por cidade ou, como é provável em cidades maiores como Éfeso, por igreja doméstica) estava, desde o início, nas mãos de diversas pessoas aparentemente indicadas pelo apóstolo e por seus companheiros (cf. Atos 14:23). Nas cartas mais antigas, essas pessoas são descritas como *hoi proistamenoi* (1Tessalonicenses 5:12; Romanos 12:8), linguagem ainda utilizada na época das Cartas Pastorais (1Timóteo 3:5; 5:17). Entretanto, é interessante observar que, apesar de todas as dificuldades

em algumas dessas igrejas, nenhuma das cartas é destinada a essas pessoas nem as encarregam de colocar a igreja em ordem ou de resistir ao erro. Em Filipenses 1:1, Paulo se dirige pela primeira vez tanto à igreja como aos seus líderes (plural) (*episkopoi*, "supervisores",[20] e *diakonoi*, "diáconos" — as mesmas palavras utilizadas em 1Timóteo 3:2,8; cf. Tito 1:7). Não fosse por essa referência, não teríamos como saber que eles já existiam antes disso, e, por esse motivo, devemos presumir que outras igrejas também tinham uma liderança plural. Por fim, convém observar que o termo "presbítero" (*presbyteros*) não ocorre em nenhuma das primeiras cartas.

A evidência que surge nas Cartas Pastorais está muito próxima do cenário que descrevemos. Embora alguns argumentem que Timóteo e Tito deveriam escolher um único *episkopos*, que estaria à frente de um grupo de diáconos, a exegese de algumas passagens fundamentais (1Timóteo 3:1-2,8; 5:17; Tito 1:5-7) e uma comparação com Atos 20:17,28 indicam o contrário.

Em todos os casos, a liderança era plural. Esses líderes são chamados "presbíteros" em 1Timóteo 5:17 e Tito 1:5. Eles teriam sido designados em Creta por Tito, mas foram escolhidos alguns anos antes em Éfeso, provavelmente pelo próprio Paulo. O termo "presbítero" é provavelmente bem abrangente, aplicável tanto a supervisores como a diáconos. Em todo caso, a gramática de Tito 1:5,7 requer que "presbíteros" e "supervisores" sejam termos intercambiáveis (assim como em Atos 20:17,28), mas eles não são necessariamente coextensivos.[21]

---

[20] Versões bíblicas tradicionais como a ARC traduzem esse termo por "bispo". Decidimos manter-nos mais próximos da palavra utilizada por Fee, *overseers* ("supervisores"), pois ele já utiliza o termo *bishop* ("bispo") em um capítulo anterior para se referir ao bispo John Spong. Logo, é provável que Fee pretenda evitar as diversas conotações eclesiásticas atuais desse termo, que não refletem a realidade da igreja do primeiro século. (N. da T.)

[21] Para uma excelente discussão sobre esses assuntos, veja R. E. Brown, "Episcopē *and* episkopos: *The New Testament evidence*", TS 41 (1980), p. 322-8.

3) Quais eram os deveres de tais presbíteros? Nossas informações são limitadas nessa questão, justamente porque não era essa a preocupação de Paulo. Duas coisas parecem certas: a) os presbíteros, chamados supervisores, eram responsáveis pelo ensino (1Timóteo 3:2; 5:17; Tito 1:9), pelo qual deveriam receber remuneração (1Timóteo 5:17);[22] b) todos os presbíteros eram responsáveis por "administrar" ou "cuidar" da igreja local (veja 1Timóteo 3:4-5; 5:17), o que quer que isso envolvesse naquele momento histórico. O que passa disso é especulação.

4) No entanto, aprendemos algo sobre suas qualificações para serem indicados (ou talvez, em 1Timóteo, o "padrão" pelo qual os presbíteros deveriam ser medidos). Eles não deveriam ser novos convertidos (3:6; 5:22). De fato, Paulo foi tão "queimado" pelos presbíteros desviados que Timóteo precisaria de muita paciência ao indicar seus substitutos (v. 24-25). Acima de tudo, eles deveriam ser pais de família exemplares, o que pode ser o significado da difícil expressão "marido de uma só mulher" (3:2, 12; Tito 1:6), embora seja também muito provavelmente uma desaprovação a qualquer tipo de segundo casamento.[23] A razão para essa ênfase

---

[22] A expressão "dupla honra" muito provavelmente significa "a mesma honra concedida aos outros, mais um estipêndio".

[23] Essa é uma das frases mais difíceis das Cartas Pastorais (cf. 5:9 [3] sobre as "verdadeiras" viúvas; Tito 1:6). Existem pelo menos quatro opções: 1) Exigência de que o supervisor seja casado. As bases para isso encontram-se no fato de que os falsos mestres estavam proibindo o casamento, e Paulo exorta as viúvas rebeldes a se casarem (5:14; cf. 2:15). Mas, contra essa visão, há o fato de que a) ela enfatiza "esposa", enquanto o texto enfatiza "uma"; b) Paulo e muito provavelmente Timóteo não eram casados; c) está em contradição com 1Coríntios 7:25-38. Além disso, é uma pressuposição cultural que a maioria das pessoas fosse casada; 2) Proibição da poligamia. Essa visão corrige a questão sobre "uma esposa", mas a poligamia era uma característica tão rara na sociedade pagã que tal proibição chega quase à irrelevância. Além disso, não parece combinar com uma frase muito semelhante em 5:9, utilizada para se referir às viúvas; 3) Proibição de um segundo casamento ("casado apenas uma vez", RSV). Tal interpretação é apoiada por muitos dados: a) encaixa-se especialmente

é dupla: a) sua posição como antítese dos falsos mestres; b) os que fazem bem o "dever de casa" na comunidade cristã básica, a família, já estão qualificados para fazer parte da família estendida de Deus, a igreja.

Quando tais líderes pecam ou se desviam, devem ser disciplinados. Nenhuma acusação infundada deve ser aceita contra ninguém (5:19), mas uma repreensão pública deve ser aplicada aos que persistirem (5:20).

5) Não está claro se havia uma "ordem" ministerial de mulheres, inclusive de viúvas. Em meu *Comentário*, defendo que havia mulheres servindo à igreja de alguma forma, talvez até mesmo em papéis de liderança (1Timóteo 3:11), mas que não havia uma ordem de viúvas, na qual estivessem inscritas e tivessem seus deveres prescritos.[24]

---

no caso das viúvas; b) todos os tipos de inscrições elogiam as mulheres (embora algumas vezes o faça com relação aos homens) que haviam sido "casadas apenas uma vez", mantendo-se "fiéis" àquele casamento quando seus companheiros morreram (veja M. Lightman e W. Ziesel, "Univera: an example of continuity and change in roman society", CH 46 [1977], p. 19-32.) Essa visão proibiria, então, o segundo casamento depois da morte, mas obviamente — talvez especialmente — também proibiria o divórcio e o novo casamento. Alguns estudiosos (*e.g.*, Hanson) acreditam que ela se refira apenas ao último caso; 4) Exigência de fidelidade conjugal a uma esposa (cf. NEB: "fiel à sua única esposa"; veja C. H. Dodd, "New Testament translation problems II", *BibTr*, n. 28 [1977], p. 112-6). Nessa perspectiva, o líder da igreja deveria ter uma vida exemplar (que incluía ser casado) e ser fiel a uma única mulher em uma cultura na qual a infidelidade conjugal era comum e muitas vezes assumida. É claro que ela também excluiria a poligamia, o divórcio e o novo casamento, mas não excluiria necessariamente o novo casamento de uma viúva (embora ainda não fosse o ideal paulino; cf. 1Coríntios 7:8-9,39-40). Muito ainda poderia ser dito sobre qualquer uma das perspectivas da terceira opção, mas a preocupação com o fato de que os líderes de igreja deveriam levar uma vida conjugal exemplar parece encaixar-se melhor no contexto — dada a visão aparentemente ruim que os falsos mestres tinham do casamento e da família (4:3).

[24] Embora haja uma preocupação genuína com o cuidado dispensado às "verdadeiras" viúvas (*i.e.*, aquelas que não tinham filhos), a principal urgência de 5:3-16 é com as viúvas jovens que "se desviaram, para seguir Satanás".

6) O que parece certo em tudo isso é que a ordem eclesiástica das Cartas Pastorais combina perfeitamente com a encontrada em outras cartas paulinas e também em Atos. Contudo, diferem totalmente das epístolas inacianas, tanto em espírito como nos detalhes. Isso, no entanto, é um argumento favorável à sua autenticidade, não contrário.

Assim, não chegamos nem perto de saber o que gostaríamos, mas aprendemos bastante. A questão diante de nós agora é como o que aprendemos, em oposição ao que geralmente nos ensinam e ordenam, funciona como Palavra de Deus para nós.

A questão da relevância dessas conclusões para o cenário atual é ainda mais urgente e problemática, e requer outro artigo completo, que vá muito além das limitações deste capítulo. Parte da dificuldade certamente deriva da natureza fragmentada da igreja do século 20. Mas parte disso também se deve a inconsistências ou pressuposições hermenêuticas em um nível muito mais profundo do que a mera aplicação ou não aplicação de determinado texto a determinada situação. Minha preocupação atual é com esses níveis mais profundos, que só podem ser mencionados de forma breve por aqui.

Em primeiro lugar, no cerne do tema sobre a ordem eclesiástica, mais do que qualquer outro assunto, está a questão principal do papel desempenhado pela tradição (da igreja) na interpretação. O que está em discussão aqui é toda a questão sobre as estruturas de autoridade e como entendemos a "sucessão apostólica", especialmente entre os protestantes de uma ordem eclesiástica mais congregacional ou presbiteriana.

Para o catolicismo romano, essa questão já foi resolvida há muito tempo. A sucessão apostólica, ou seja, a autoridade dos apóstolos, pertence ao clero e é representada em nível local pelo pároco. A maioria dos protestantes rejeita — principalmente por causa do que entendem ser um abuso da tradição (que às vezes parece ser usada não para interpretar as Escrituras ou ajudar nas áreas em que elas não se pronunciam sobre determinado assunto, mas realmente para contrariar as Escrituras) — a ideia de que a sucessão apostólica esteja relacionada com pessoas ou estruturas, pois entende que ela reside na verdade do próprio evangelho. Embora raramente isso seja expresso dessa forma, o Novo Testamento funciona para os protestantes como a sucessão apostólica.

Mas tal visão também apresenta fraquezas inerentes — e abusos. Por exemplo, embora quase todos os protestantes neguem na teoria que a sucessão apostólica esteja com o clero, ela é de fato praticada de formas vigorosas e às vezes devastadoras — no estilo "show de artista solo" em muitas igrejas denominacionais ou nas pequenas ditaduras em outras igrejas (especialmente as "independentes"). E como essa pluralidade de papados surgiu? Basicamente de duas fontes (para não mencionar a queda do clero, cujo ego, em geral, ama tal poder): a) pelo fato de o pastor/pastora local ser comumente visto (e, em geral, vê a si mesmo) como o intérprete autorizado da "única autoridade" — a Escritura; b) pela atuação do pastor em um papel de autoridade, no qual assume o manto de Paulo, de Timóteo ou de Tito. Portanto, baseia-se estritamente no uso de um paradigma cuja validade raras vezes é questionada. A "tradição" tem a última palavra nesses casos.

Mas quais são as bases hermenêuticas que justificam o uso desse paradigma? Por que não utilizar o verdadeiro paradigma de 1 Timóteo — liderança plural — em nível local? Ou, para levar toda a questão a um nível hermenêutico diferente, se o Novo Testamento é a "única autoridade", e essa autoridade não ensina diretamente nada sobre a ordem eclesiástica em nível local, então devemos questionar se existe uma ordem eclesiástica normativa. Se o melhor que temos são paradigmas, então é possível defender que qualquer paradigma adotado tenha de minimizar a potencialidade da soberania individual ou do autoritarismo e maximizar a responsabilidade e a atitude de servo.

Em segundo lugar, outra dificuldade hermenêutica que, de alguma forma, está relacionada com a primeira, diz respeito à aplicação ou não de textos específicos. Basicamente, a questão é: como esses documentos *ad hoc*, inspirados pelo Espírito para chamar a atenção e corrigir uma situação histórica particular, funcionam por meio desse mesmo Espírito como Palavra eterna para nós? Como já mencionei, o grande problema aqui está na consistência, e, embora o bom senso nos impeça de ir longe demais, nosso "senso comum" individual nem sempre é comum, uma vez que recebe informações de várias tradições culturais, teológicas e eclesiásticas.[25]

À luz das conclusões anteriores sobre a ordem eclesiástica em 1Timóteo, essa questão hermenêutica deve ser reformulada: como o que aprendemos de um texto que não pretende ensinar uma ordem eclesiástica específica funciona para nós hoje? Ou, mais diretamente: os imperativos dirigidos à igreja de Éfeso em 62 d.C. para corrigir os abusos de presbíteros rebeldes funcionam como normas eternas, obrigatórias em todas as culturas de todas as épocas, de forma absoluta?

Aqui temos dois problemas: nossas inconsistências e as dificuldades criadas pela ambiguidade exegética. Vejamos alguns exemplos: 1) Tem surgido uma literatura considerável sobre 1Timóteo 2:11-12, tanto a favor como contra, discutindo se as mulheres podem ensinar, pregar ou ser ordenadas. Mas não há um único texto que argumente, a partir de 5:3-16, que a igreja deva cuidar das viúvas acima de 60 anos ou exigir que as mais jovens se casem. Você consegue entender as razões para isso, é claro. Nossa agenda é definida por nossas urgências culturais e existenciais. Mas a inconsistência está aí. Obrigar aqueles que discutem sobre 2:11-12 a confessar isso é extremamente difícil; 2) Ambos os textos também podem servir para ilustrar o problema da ambiguidade exegética. O mesmo se aplica ao requisito de que o líder da igreja deve ser "marido de uma só esposa" (3:2,12). Por exemplo, como alguém pode negar, com base nesse texto, o ministério a pessoas que se divorciaram e se casaram novamente antes de se converter, enquanto permite que adúlteros assumidos, que podem ter vivido com outras mulheres sem que fossem legalmente casados, sirvam na igreja, sem levar em consideração que, nesse caso, o texto provavelmente proíbe também o novo casamento de viúvas e viúvos?

---

[25] Veja G. Fee e D. Stuart, *How to read the Bible for all its worth* (Grand Rapids: Zondervan, 1982), p. 37-71 [ed. brasileira: *Como ler a Bíblia livro por livro: um guia confiável para ler e entender as Escrituras Sagradas* (Rio de Janeiro: Thomas Nelson Brasil, 2019)].

A ambiguidade e a imprecisão exegéticas carecem de discussão hermenêutica, ou seja, como aplicar um texto se não podemos nem mesmo ter certeza do que ele significa?

Outra forma dessa ambiguidade está relacionada com o testemunho mais amplo da Escritura em alguns casos. Por exemplo, as palavras de Paulo em 2:11-12 ou 5:14 devem ser debatidas à luz de Filipenses 4:3 ou 1Coríntios 7:8-9,39-40, respectivamente. As grandes diferenças refletidas nesses textos indicam sua natureza *ad hoc*, o que, por sua vez, provavelmente indica mais flexibilidade e menos rigidez do que às vezes encontramos na literatura.

Voltando, então, à nossa questão: esses textos contêm algum tipo de normatividade absoluta? Caso afirmativo, como? E o que fazer com a magnitude de nossa desobediência àqueles textos que não são prioridades para nós?

Creio que a resposta está relacionada com nossa obediência ao objetivo do texto — ou ao "espírito" dele, se você preferir —, mesmo que às vezes os detalhes não sejam seguidos à risca. É assim que todos nós tratamos 1Timóteo 6:1-2, embora não tenha sido sempre assim.[26] É assim que muitos alegariam estar obedecendo à passagem de 5:3-16, mas eu gostaria de investigar um pouco mais esse ponto. Por que, então, não fazer isso com 2:11-12, já que todos o fazem com os versículos 9-10?

Permitam-me dizer, finalmente, àqueles que veem a proposta de discutir esse tipo de questão como uma manobra para contornar alguma coisa. Mas esse não é o caso. Minha preocupação hermenêutica é exatamente o oposto: obediência. Mas também aspiro por maior consistência hermenêutica. Nós, que verdadeiramente consideramos a Escritura a Palavra de Deus, devemos parar com essa abordagem "seletiva" à obediência ou pelo menos articular razões para fazê-lo.

---

[26] Os argumentos de J. H. Hopkins, A. T. Bledsoe, T. Stringfellow e C. B. Hodge, entre outros, para uma base bíblica para a escravidão são notável e assustadoramente semelhantes aos daqueles que se opõem à ordenação feminina; veja especialmente W. M. Swartley, *Slavery, sabbath, war and women* (Scottdale: Herald, 1983).

CAPÍTULO 12
O reino de Deus e a missão global da igreja

A tese deste capítulo é que as raízes de nossa convicção sobre a missão global da igreja podem ser encontradas na proclamação do reino de Deus por Jesus[1] — como já presente em sua missão e em sua mensagem. Essa implicação global pode parecer surpreendente para quem já conhece aquela mensagem, já que seu ensino explícito não parece conduzir a essa conclusão.[2] Embora os próprios evangelistas claramente vissem implicações gentias e, portanto, "globais" no ministério de Jesus,[3] e mesmo que algu-

---

[1] Embora aqui não seja o lugar ideal para argumentar sobre isso, estou igualmente convencido de que todas as questões-chaves da teologia neotestamentária têm, em última instância, raízes na missão e na mensagem de Jesus (o foco de Jesus na condição de Messias e Filho de Deus, que, por sua morte e ressurreição, efetivou a salvação para o novo povo de Deus, que constitui uma comunidade escatológica de discípulos vivendo no presente pelo Espírito enquanto esperam a consumação final daquela salvação).

[2] Para um panorama desse material e de sua importância para nosso tema, veja Ferdinand Hahn, *Mission in the New Testament*, Studies in: Biblical Theology 47 (London: SCM, 1965), p. 26-46.

[3] Por exemplo, no Evangelho de Marcos esse reconhecimento é encontrado em sua inclusão de pessoas "das regiões do outro lado do Jordão e dos arredores de Tiro e de Sidom", que se juntavam às grandes multidões para escutá-lo (3:8); para mais sobre essa perspectiva, veja 5:1-20; 6:53-56; 7:24-37; mais a citação de

mas de suas atividades[4] e declarações[5] incluam uma abertura aos samaritanos e gentios, o ministério de Jesus em si foi direcionado principalmente "às ovelhas perdidas de Israel" (Mateus 15:24).[6] No entanto, espero demonstrar aqui: 1) que a missão global da igreja repousa, em última análise, na proclamação que Jesus faz das "boas-novas do Reino", especialmente como boas-novas para "os pobres"; 2) que tal proclamação deve ser compreendida como o cumprimento da aliança com Abraão, abraçada pela tradição profética, pois a intenção de Deus, desde o início, era abençoar "todos os povos da terra" (Gênesis 12:3).

Isaías 56:7 de que o Templo deve ser uma casa de oração para todas as nações, e especialmente 13:10: "E é necessário que antes o evangelho seja pregado a todas as nações". No evangelho de Lucas, curiosamente, embora Jesus seja anunciado no início como aquele que seria "luz para revelação aos gentios" (2:32) e após sua ressurreição dê aos seus discípulos a missão de ir "até os confins da terra" (Atos 1:8), a verdadeira missão gentílica pertence mais ao período do Espírito na igreja que ao ministério terreno de Jesus (embora inclua de "Q" alguns ditos de uma perspectiva gentílica). Embora Mateus entenda o ministério de Jesus como mais estritamente dirigido a Israel, ele também antecipa a missão gentílica em passagens como 4:15; 8:11; 10:16; 12:18; 21:43; 24:14. A missão da igreja às nações é especificada na Grande Comissão, em 28:19.

[4] A narrativa em João 4, a história do samaritano grato (Lucas 17:12-19) e a parábola do bom samaritano (Lucas 10:30-37) indicam, no mínimo, uma tentativa da parte de Jesus de construir pontes com os samaritanos; assim como as narrativas do centurião de Cafarnaum (Mateus 8:5-10,13 = Lucas 7:1-9) e da mulher siro-fenícia (Marcos 7:24-30) indicam prontidão para cruzar a fronteira a favor dos gentios.

[5] Especialmente Mateus 8:11-12 (= Lucas 13:28-29), considerado autêntico pela maioria dos estudiosos e que parece funcionar como um julgamento profético contra Israel — com vistas ao ajuntamento dos gentios. Hahn, *Mission*, p. 34, também inclui nessa categoria o julgamento contra as cidades em Mateus 11:21 (= Lucas 10:13-15), em que mais esperança é dada às cidades julgadas pelos profetas veterotestamentários (Tiro e Sidom) que às cidades da Galileia. Embora muitos neguem sua autenticidade, também devemos incluir aqui Marcos 13:10 (= Mateus 24:14; o evangelho aos gentios) e a Grande Comissão (Mateus 28:16-20).

[6] Cf. as instruções sobre missão dada aos Doze em Mateus 10:6.

UM RESUMO DA PROCLAMAÇÃO DO REINO POR JESUS[7]

O testemunho universal da tradição sinótica é que o tema central absoluto da missão e da mensagem de Jesus eram "as boas-novas do reino de Deus". Essa afirmação pode ser demonstrada de várias formas:

1) Sempre que os próprios Evangelhos resumem a missão de Jesus, invariavelmente o fazem com relação ao reino de Deus. Isso se aplica não só à breve introdução de Marcos à proclamação de Jesus (1:15: "'O tempo é chegado', dizia ele. 'O reino de Deus está próximo. Arrependam-se e creiam nas boas-novas!'"), mas também a quase todas as introduções em cada um dos Sinóticos.[8]

2) Quando Jesus enviou primeiramente os Doze (Mateus 10:7) e depois os Setenta e Dois (Lucas 10:9),[9] a única instrução específica nessas duas circunstâncias foi: "Por onde forem, preguem essa mensagem: 'O reino dos céus está próximo'".

3) Ele estava sempre nos lábios do próprio Jesus. Tal linguagem é escassa na literatura remanescente do judaísmo contemporâneo e relativamente rara no restante do Novo Testamento.[10] Apesar disso,

---

[7] Para apresentações mais completas sobre esse tema em Jesus, com argumentação e documentação completas, veja especialmente Joachim Jeremias, *New Testament theology: the proclamation of Jesus* (New York: Charles Scribner's Sons, ET 1971) [ed. brasileira: *Teologia do Novo Testamento* (São Paulo: Hagnos, 2008)]; George Eldon Ladd, *The presence of the future: the eschatology of biblical realism*, ed. rev. (Grand Rapids: Eerdmans, 1974) [ed. brasileira: *A presença do futuro* (São Paulo: Shedd, 2021)].

[8] Veja, por exemplo, como as introduções são quase idênticas no início das primeiras duas seções maiores do Evangelho de Mateus (4:23; 9:35; cf. Lucas 8:1 e sua adição, em Lucas 4:43, a Marcos 1:38: "É necessário que eu pregue *as boas-novas do reino de Deus* noutras cidades também").

[9] Para o argumento de que o texto original é "setenta e dois", em vez de "setenta", veja B. M. Metzger, *A textual commentary on the greek New Testament* (New York: United Bible Societies, 1971), p. 150-1.

[10] Ocorre três vezes no Evangelho de João; dez em Paulo; oito em Atos; uma em Hebreus; uma em Tiago; duas em Apocalipse.

é um tema predominante no ensino de Jesus,[11] que inclui pelo menos outras dezoito expressões diferentes encontradas apenas nesse ensino e em nenhum outro lugar em toda a literatura cristã ou judaica (por exemplo, "tomar o Reino", "entrar no Reino", "buscar o Reino", "o mistério do Reino", "as chaves do Reino", "o menor/maior no Reino").[12]

Portanto, é justo dizer que ignorar — ou não entender — esse termo é ignorar Jesus por completo. A questão é: o que ele significa? Felizmente, o resumo de Marcos (1:14-15) nos proporciona um bom caminho para delinear o que era prioritário no discurso de Jesus.

O tempo é chegado

As primeiras palavras desse resumo sugerem duas verdades relacionadas com o entendimento que Jesus tinha do Reino. Primeira: o reino de Deus é um termo *escatológico* que pertence principalmente à categoria do "tempo", não à do "espaço". Refere-se a um tempo que foi *prometido* e que seria *cumprido*, não a um lugar para onde as pessoas iriam. Assim, refletindo diversos temas do Antigo Testamento,[13] o reino de Deus refere-se primeiramente ao tempo do futuro — ao *Eschaton* ("Fim") —, quando Deus, finalmente, exercerá seu reinado real sobre toda a ordem criada. Por isso, as pessoas em torno de Jesus nunca perguntavam *o que* ou *onde*, mas *quando* ele viria.[14] Eles buscavam por um tempo no futuro, em que Deus "encerrará tudo" que diz respeito ao presente.

---

[11] Ocorre 49 vezes em Mateus, 15 em Marcos e 41 em Lucas.

[12] Cf. Jeremias, *New Testament theology*, p. 32-4 [ed. brasileira: *Teologia do Novo Testamento* (São Paulo: Hagnos, 2008)].

[13] A ideia remonta quase ao início da história do próprio Israel, quando Deus era seu único Rei; e, mesmo depois de esse povo ganhar um rei, ele era entendido como um representante terreno da realeza divina. Por isso, a realeza de Deus é frequentemente celebrada em Salmos e também pressuposta em muitos outros oráculos proféticos.

[14] Veja especialmente Lucas 17:20-21; cf. 19:11.

Segunda (fortemente relacionada com isso): a linguagem de "cumprimento" indica que o reino de Deus está, em última instância, ligado às *expectativas messiânicas* (fim do tempo) *judaicas*. Elas remontam à aliança feita com Abraão, segundo a qual pela semente dele "todos os povos da terra serão abençoados" (Gênesis 12:3). Elas encontravam enfoque histórico no trono de Davi, de modo que, nos anos seguintes, tanto o povo como os profetas olhavam para a época de Davi e ansiavam pelos dias daquela antiga glória. Essa esperança fica evidente especialmente em salmos como 2 e 72, que provavelmente foram compostos para a coroação dos reis davídicos, mas, com o tempo, vieram a ser entendidos como apontando para o "grande rei" do futuro.

Enquanto os profetas, em particular, articulavam essa esperança, eles viam o futuro como sendo de julgamento e salvação — julgamento não apenas das nações vizinhas, mas especialmente de Israel, por haver falhado em manter a aliança com seu Deus, Yahweh. Em vez de adorar e servir apenas a Yahweh, e fazer a vontade dele, expressa nas estipulações da Lei, o povo de Israel entregou-se a todo tipo de idolatria, imoralidade sexual e injustiça. Portanto, o Dia do Senhor, o grande dia do futuro, seria um "dia de trevas e de escuridão, dia de nuvens e negridão" (Joel 2:2; cf. Amós 5:18-20); seria, inclusive, a destruição do opressor, do idólatra, do adúltero. Os antigos valores seriam derrubados; Deus viria com justiça e julgaria todos os que não andaram em seus caminhos.

Mas, por ser o "Dia de Yahweh", seria também um dia de salvação para os justos que fizeram sua vontade e para aqueles que, castigados por seu julgamento, retornariam para o Senhor. Por ser o Dia do Senhor, seu dia supremo, toda a criação sentiria os efeitos de sua redenção: a vinha produziria em abundância (Amós 9:13), a vaca comeria com o urso, e seus filhotes se deitariam juntos (Isaías 11:7). Incluída de modo especial e significativo nessa restauração-salvação, estaria a reunião das nações, que também subiriam "ao monte do Senhor", para que pudessem andar "nas suas veredas" (Miqueias 4:2).

E então aconteceu. O julgamento chegou na forma de exílio e da destruição de Jerusalém. Eventualmente, um pequeno grupo remanescente retornou à sua terra, e surgiu a esperança do que seria isso — o grande Dia de Yahweh, com todas as bênçãos de sua salvação. A restauração, entretanto, acabou se tornando uma decepção colossal. O deserto não floresceu como uma rosa; as nações não se reuniram em Jerusalém para honrar Yahweh — na verdade, apenas uma minoria dos judeus o fez. O resultado foi um longo período de trevas na história de Israel, pois eles acabaram se tornando um peão político para as grandes potências — e muitos do povo de Deus tornaram-se menos do que ardentes javistas. Foi um tempo em que nenhuma voz profética fora ouvida na terra, porque o Espírito (agora entendido como pertencendo estritamente ao futuro dia final do Senhor)[15] não estava presente.[16]

Apesar disso, a esperança em relação ao futuro não morreu. Um grupo de escritores surgiu em Israel, conhecido como os apocalipsistas,[17] desistindo da história em si e esperando que Deus trouxesse um fim à presente era de maldade e opressão e inaugurasse a Era Vindoura como uma era do Espírito — de retidão e justiça.

Foi a partir desse tipo de fervor escatológico que João Batista apareceu anunciando que o futuro estava próximo. "Arrependam-se", exortava ele, "pois o reino de Deus está próximo". "Esteja pronto para a chegada do grande dia do Senhor", essa era a urgência de sua mensagem. A convicção do Batista era proclamada de forma clara: o Messias, embora desconhecido, já está em nosso meio. Era o retorno da voz

---

[15] Portanto, como Lucas-Atos deixa claro, tais profecias sobre a vinda do Espírito como Joel 2:28-32 (Atos 2:16-21) e Isaías 61 (Lucas 4:16-20) eram entendidas de forma totalmente escatológica. O "Espírito apagado" seria derramado em abundância no grande Dia do Senhor, que estava por vir.

[16] Veja Jeremias, *New Testament theology*, p. 80-82 [ed. brasileira: *Teologia do Novo Testamento* (São Paulo: Hagnos, 2008).]

[17] Todos esses escritores escreveram sob pseudônimos de pessoas conhecidas (*e.g.*, Baruque, Enoque), provavelmente por sua convicção de que aquele era o tempo do "Espírito apagado", que deveria reaparecer apenas no final dos tempos, quando o Espírito seria novamente derramado — agora "em toda carne".

profética, e o povo saiu para ouvi-la com grande expectativa. Mas o Reino não apareceu com João. Em vez disso, ele foi preso e, mais tarde, executado. Logo após a prisão de João, porém, começaram a vazar notícias das sinagogas do norte notícias de que outro profeta havia surgido e que ele não estava simplesmente anunciando a proximidade do Reino, mas também as boas-novas do Reino — que "o tempo é chegado; o reino de Deus está aqui". Na verdade, em sua sinagoga local, em Nazaré, Jesus anunciou que a grande profecia messiânica de Isaías 61 sobre a vinda do "ungido" de Deus, que proclamaria boas-novas aos pobres e a chegada do ano da graça do Senhor, cumprira-se com a chegada dele (Lucas 4:16-30).

O que se "cumpriu", de acordo com Jesus, foi que *em seu ministério* o tempo da graça de Deus "aos pobres" havia chegado. Quando ele curava doentes, expulsava demônios e comia com pecadores, mostrando-lhes, assim, a misericórdia ilimitada de Deus, as pessoas deveriam entender que o grande dia escatológico de Deus havia finalmente raiado.

"O reino de Deus está próximo"[18]

Essa parte do anúncio de Jesus tende a criar muitas dificuldades para os modernos. Como o reino de Deus se tornou presente com Jesus, se tudo de confuso continua, o mal ainda abunda e a injustiça segue em ritmo acelerado? Como o grande reinado culminante de Deus veio com ele, uma vez que houve uma longa sucessão de acontecimentos, incluindo a degradação do ser humano desde aquela vinda?

---

[18] Como Fee utilizou Marcos 1:14-15 como base para esses subtópicos, decidimos traduzir esse título da mesma forma que encontramos em nossas Bíblias em português: "o reino de Deus está próximo". Mas é importante que o leitor saiba que a versão em inglês diz: "*The kingdom is at hand*", algo como "O Reino está ao alcance", expressão que indica mais fortemente a ideia de que o Reino *já* está aqui e que será utilizada em alguns pontos para trazer mais sentido ao que o autor está dizendo. (N. da T.)

A resposta a essas questões reside na mudança radical que Cristo provocou no conceito de reinado de Deus: algo que ele denominava "o mistério do Reino". Ele o revelou para seus seguidores mais próximos, porém era apenas uma mera "parábola" para os de fora.[19]

O mistério tinha duas partes, ambas relacionadas com a *presença* do Reino em sua pessoa e em seu ministério: 1) o grande Reino do futuro já havia começado com ele; 2) sua chegada não estava em "grandes sinais", mas presente na fraqueza e na humilhação de sua encarnação.

1) Com relação ao primeiro ponto, fica evidente, a partir dos materiais preservados em nossos Evangelhos, que Jesus falou sobre o reino de Deus *tanto* como acontecimento futuro *quanto* como realidade presente. Ainda havia um futuro para o Reino que chegaria com poder (Marcos 9:1), quando o Filho do Homem viesse com as nuvens do céu (Marcos 14:62). Naquele tempo, a "grande inversão" aconteceria. "Muitos primeiros *serão* últimos, e os últimos *serão* primeiros", disse Jesus (Marcos 10:31); os pobres, os famintos e os que choram trocariam de lugar com os ricos, com os que contam com fartura e que agora riem (Lucas 6:20-25); os excluídos tomarão seus lugares no grande banquete messiânico, enquanto os "súditos do Reino" serão lançados fora (Mateus 8:11-12 par.). Existem diversos textos assim em nossos Evangelhos; na verdade, mesmo que fossem os únicos textos, Jesus, a essa altura, já estaria totalmente de acordo com toda a tradição profético-apocalíptica. Haverá um grande Dia

---

[19] Veja especialmente Marcos 4:10-12. É difícil traduzir o jogo de palavras feito com o termo "parábola" nessa declaração, um termo que, no original hebraico e aramaico, cobre toda a gama de discursos figurativos e enigmáticos. Por isso, Jesus diz aos seus discípulos que fala em "parábolas" (= histórias que revelam a natureza do Reino como já estando presente em seu ministério), para que eles possam entender; mas, para os de fora, elas são meras "parábolas" (= enigmas) e nada mais. Essa declaração se refere, é claro, especialmente às "parábolas do Reino", não às parábolas dirigidas principalmente aos fariseus. Seu poderoso argumento questiona as ações dos fariseus perante Deus à luz do próprio ministério de Jesus.

Vindouro — o reino de Deus, como ele chama —, quando, então, Deus corrigirá os erros e as injustiças.

No entanto, é evidente que esses *não* são os únicos textos, e nos outros podemos perceber a singularidade da mensagem e da missão de Jesus. "O Reino está ao alcance",[20] proclama ele, não querendo dizer que está "muito próximo" ou simplesmente "à porta", mas que já está em processo de realização com sua chegada — aqui está a ênfase do próprio Jesus. Portanto, ele disse aos fariseus que o Reino não viria (sugerindo uma ação futura) "de modo visível"; ao contrário, o reino de Deus *já* estava entre eles (Lucas 17:20-21). O povo já estava forçando "sua entrada nele" (Lucas 16:16). Ao comer à mesa com os excluídos, o grande banquete futuro já havia começado (Marcos 2:19). E, especialmente com Jesus expulsando demônios e curando os doentes, a vitória de Deus sobre Satanás e seu domínio já estava acontecendo (Lucas 11:20-21). O homem forte de Deus veio, amarrou o homem forte e estava prestes a destruir a casa dele (Marcos 3:27). A profecia messiânica de Isaías 61 já estava se cumprindo com as boas-novas aos pobres, a liberdade para os prisioneiros, a recuperação da visão pelos cegos e a libertação dos oprimidos (Lucas 4:18-20). Como veremos na próxima seção, é *a presença do Reino em Jesus* que, em última instância, serve de base para a corrente missão global da igreja.

2) A presença do Reino em Jesus significa que o reino de Deus era de uma ordem radicalmente diferente das expectativas do povo. Em vez de representar a derrota do odiado Império Romano, estava presente na fraqueza e no sofrimento, mostrando que até mesmo o Filho do Homem não tinha onde repousar sua cabeça (Lucas 9:58) e que ele não viera para ser servido, mas para servir e dar sua vida em resgate por muitos (Marcos 10:45). Assim, o Reino era como uma semente crescendo silenciosamente (Marcos 4:26-29), como um minúsculo grão de mostarda que começa tão pequeno

---

[20] Cf. nota 18. (N. da T.).

e insignificante que nada se pode esperar dele, mas cujo final — inerente ao próprio grão e, portanto, inevitável — é um arbusto de tais dimensões que os pássaros podem descansar em seus galhos (Mateus 13:31-32).

Portanto, o que fica claro a partir de tudo isso é que, para Jesus, o reino de Deus era "já" e "ainda não", era tanto "agora" como "por vir". Era "agora" com ele invadindo o território de Satanás e destruindo a sua casa. Com a vinda de Jesus, o reino de Deus já foi inaugurado; já penetrou o presente. Mas, inerente à sua presença com Jesus, também estava sua consumação plena com a futura vinda do Filho do Homem. O futuro não é algo novo: é simplesmente a consumação do que Jesus já iniciou por meio de seu ministério e, final e especialmente, por meio de sua morte e ressurreição e pelo dom do Espírito. Por isso, embora o Reino ainda seja futuro, já está "ao alcance".

"Arrependam-se e creiam nas boas-novas!"

As palavras finais do resumo de Marcos representam a resposta humana à chegada do Reino com Jesus. Elas falam do Reino e de sua relação com a condição humana. Como se trata de derrubar a antiga ordem, requer arrependimento. Como iniciam o estabelecimento do novo, são boas-novas para se crer. Contudo, também fica claro que no próprio ensino de Jesus essa dupla resposta acontece em ordem inversa. Ou seja, não nos arrependemos para poder entrar no Reino; ao contrário, o dom do reino de Deus (Lucas 12:32), presente no próprio Jesus, é uma boa-nova que conduz ao arrependimento.

Portanto, Jesus anuncia o Reino especialmente como "boas-novas aos pobres" (Lucas 4:18), tanto que, quando o aprisionado João, no alto de sua incerteza, pergunta a respeito de Jesus (afinal, Jesus dificilmente se encaixava nas categorias definidas pela pregação de João!), Jesus mais uma vez utiliza a linguagem de Isaías 61 como uma autenticação de sua messianidade (Mateus 11:5).

Mas quem exatamente são "os pobres" a quem as boas-novas do Reino se destinam?[21] Para Jesus, esse grupo claramente inclui os "pobres" tradicionais (as viúvas e os órfãos, que representam todos os que não recebem ajuda nem podem se defender, cuja causa Deus se comprometeu — ele próprio e também seu povo — a defender). Sua preocupação com os desfavorecidos, presente tanto em seu ministério como em suas parábolas,[22] deixa claro que "os pobres" também incluem aquelas pessoas. Mas, para Jesus, estava incluída outra classe de "pobres": os "pecadores", aqueles que se reconhecem pobres de espírito (Mateus 5:3) e estão vulneráveis perante Deus, precisando de sua misericórdia. Eles são assim representados pelo filho pródigo, que "cai em si" e recebe o carinhoso abraço de seu pai (Lucas 15:11-32); pela "pecadora" da cidade que chora aos pés de Jesus e recebe sua palavra de perdão (Lucas 7:36-50); pelo coletor de impostos, cuja graciosa aceitação de Jesus o levou a devolver tudo e mais do que havia roubado (Lucas 19:1-10). São aqueles que se cansaram do pesado fardo do pecado e do jugo farisaico da Lei, que foram convidados por Jesus a vir a ele e trocar de fardo, pois o fardo dele é leve, e seu jugo é suave (Mateus 11:28-30).

Essas são as boas-novas do Reino. O ano da graça do Senhor chegou. Com Jesus, há perdão para todos: os pobres e mendigos são

---

[21] Para discussões sobre esse assunto, veja Jeremias, *New Testament theology*, p. 109-13 [ed. brasileira: *Teologia do Novo Testamento* (São Paulo: Hagnos, 2008)] e os verbetes "Evangelho", por G. Friedrich (v. 2, p. 707-37), e "coletor de impostos", por O. Michel (v. 8, p. 88-106), no *Theological dictionary of the New Testament*. Para discussões recentes, veja os artigos de Donald E. Gowan (AT) e Bruce J. Malina (NT) em *Interpretation*, n. 41 (1987), p. 341-67.

[22] Ele cura o único filho de uma viúva (Lucas 7:11-15) e elogia outra viúva por sua generosidade (Marcos 12:41-44); mostra compaixão por leprosos ao curá-los (Marcos 1:40-45; Lucas 17:11-19); exorta os que "têm" a que vendam suas riquezas e as doem para aqueles que "nada têm" (Marcos 10:21; Lucas 12:33); convida apenas os pobres, aleijados, coxos e cegos para seus banquetes (Lucas 14:12-14). Em suas parábolas, em particular, destaca os necessitados como destinatários especiais da graciosa provisão de Deus (Lucas 16:19-31; 14:15-24).

convidados para o banquete; a porta da casa do Pai está aberta; o povo que trabalha uma hora recebe pelo dia inteiro, pois o proprietário é generoso. O reinado de Deus tornou-se presente em Jesus para libertar pessoas de *todas* as tiranias do reinado de Satã, para trazer "liberdade aos cativos" de todas as formas imagináveis, inclusive aqueles sobrecarregados pelo entendimento farisaico da Lei.

É assim que tais boas-novas nos conduzem ao arrependimento. Jesus não diz a Zaqueu que se arrependa e depois vá comer com ele; ao contrário, sua graciosa aceitação de Zaqueu em toda a sua feiura foi o que o levou ao arrependimento. Uma mulher flagrada em adultério é livremente perdoada e instruída a ir e não pecar mais.

Portanto, para Jesus, arrependimento não é simplesmente remorso. Significa tornar-se criança, humilhar-se e tornar-se totalmente dependente do Pai celestial (Mateus 18:4). Significa perder a vida para só então tornar a salvá-la — pois fomos "salvos" pelo próprio Deus (Marcos 8:35). Mas também significa tornar-se discípulo, negar a si mesmo, levar a cruz — um lugar de autossacrifício pelos outros — e, assim, seguir Jesus (Marcos 8:34).

Por isso, o dom do Reino significa tornar-se filho do Rei, que também é nosso Pai celestial. Os filhos não devem preocupar-se; o Pai se comprometeu a cuidar deles e dar provisão às suas necessidades (Mateus 6:25-34). Eles, por sua vez, devem ser como o Pai, e espera-se que sejam sal e luz no mundo ao viver a vida do futuro — o reino de Deus em si — na presente era. Eles refletem a justiça do reino de Deus, que deve ser "superior à dos fariseus" (Mateus 5:20). Como Deus é perfeito, seus filhos são convidados a compartilhar sua semelhança neste mundo decaído enquanto esperam a consumação final (Mateus 5:48). Perdoados, eles perdoam; recebedores de misericórdia, eles são misericordiosos; beneficiados de todas as formas pela abundante graça, eles são graciosos com o próximo, que assim também é beneficiado.

Esse é o reino de Deus na missão e na mensagem de Jesus. Embora velado na fraqueza e no sofrimento de sua encarnação e subsequente morte na cruz, ele chegou com poder — o verdadeiro — na forma de aceitação e perdão transformadores, destruindo definitivamente o poder de Satanás. "Eu vi Satanás caindo do céu como um relâmpago", diz Jesus depois que os Setenta e Dois voltam de uma missão na qual expulsaram demônios (Lucas 10:18). O reinado de Satanás está acabando; todo o tipo de domínio que ele tinha sobre a humanidade — pecado, doença, opressão, possessão, injustiça — recebeu um ultimato na vida, no ministério de Jesus e especialmente em sua morte e ressurreição. E esse foi o fundamento para a missão global da igreja em nossos dias.

O REINO DE DEUS E NOSSA MISSÃO GLOBAL

Não é preciso refletir muito para perceber quão relevante — e crucial — a mensagem e o ministério de Jesus são para a missão global da igreja. Se Jesus limitou boa parte de seu ministério aos judeus de seu contexto histórico, nossa tarefa é trazer as boas-novas do Reino para nosso contexto histórico — nossa aldeia global, o mundo. Isso é confirmado de diversas formas, que derivam diretamente da missão e da mensagem do próprio Jesus.

O "tempo cumprido"

Embora o próprio Jesus não se refira à aliança feita com Abraão, essa aliança e suas bênçãos para as nações eram inerentes à mensagem profética que ele anunciou como "cumprida". Esse ponto em particular é destacado pelo apóstolo Paulo como o elemento crucial em sua compreensão da missão gentílica.[23] Mas tal "cumprimento" já

---

[23] Veja especialmente o argumento de Gálatas 3:1-18, em que Paulo cita a promessa da aliança de Gênesis 12:3 utilizando a linguagem a Gênesis 18:18 para incluir "todas as nações" (*i.e.*, "todos os gentios"; 3:8).

estava presente na proclamação do próprio Jesus. O que estava se cumprindo era a vinda do dia de salvação que os profetas haviam anunciado, e incluído em seu anúncio, especialmente em Isaías, estava a vinda do Servo do Senhor, de quem Yahweh havia dito: "Também farei de você uma luz para os gentios, para que você leve a minha salvação até aos confins da terra" (Isaías 49:6; cf. 42:6). Esse é exatamente o tema que Simão particularmente enunciou enquanto segurava a criança que viria a ser "a consolação de Israel" (Lucas 2:32). Jesus expressou o cumprimento desse tema de maneiras mais indiretas, mas há pouca dúvida de que aqui foi inaugurada nossa missão global.

Um dos temas raramente percebidos no ministério de Jesus é o fato de ele tomar para si o papel de Servo de Yahweh, conforme articulado em Isaías 42—53 (que também pode incluir Isaías 61, embora a expressão "servo" não seja utilizada de forma explícita nessa passagem).[24] Em Isaías, o "servo" é entendido tanto como Israel coletivamente quanto como Israel representado por um único Servo ungido pelo Espírito, que redimiria Israel e as nações. Certamente, não é acidental o fato de Jesus aparentemente também cumprir esses *dois* papéis.

Depois de seu batismo *em águas*, Jesus foi *tentado por quarenta* dias e noites no *deserto*. É importante mencionar que ele derrotou Satanás citando passagens de Deuteronômio nos mesmos lugares em que Israel, após atravessar *as águas* do mar Vermelho, passou *quarenta* anos no *deserto* e falhou no teste. Logo no início, Jesus reuniu doze discípulos para si, como alguém que, de forma consciente, assumiu o papel de Israel. Mais além, na versão lucana da Transfiguração (9:30), Jesus é visto conversando com Moisés (= a Lei) e Elias (= os Profetas) sobre o *exodus*[25] que ele cumpriria em Jerusalém. Embora

---

[24] Veja, por exemplo, como Isaías 61:1-2 destaca explicitamente a linguagem do primeiro dos "hinos do servo", em 42:7.

[25] Essa é a palavra que Lucas de fato utiliza; como parece não fazer muito sentido, os tradutores invariavelmente a transformam em algo como "partida" (NIV) ou

não interprete isso com frequência, quando o faz, em Marcos 10:45 ("nem mesmo o Filho do homem veio para ser servido, mas para servir e dar a sua vida em resgate por muitos") e nas palavras da instituição da Última Ceia (Lucas 22:20), ele conscientemente utiliza tanto a linguagem de Isaías 53 (esp. v. 11-12) como a de Jeremias 31 (a nova aliança). Assim, o servo de Deus "Israel" torna-se o único servo *para* Israel, que dará sua vida por Israel e estabelecerá uma nova aliança por meio de seu sangue derramado. O que é importante para nossos propósitos é que, profundamente embutida nas passagens do Servo, que Jesus entende como cumpridas nele, está também a salvação dos gentios.

Portanto, seu anúncio do Reino como o "tempo cumprido" não significa simplesmente que ele tenha inaugurado o fim da presente era — o que de fato fez —, mas também que ele cumpre a aliança com Abraão, conforme refletida nos Profetas, de que Deus abençoaria as nações por meio dele. Esse é exatamente o ponto de Paulo, defender uma missão gentia livre da Lei, quando argumenta como um "rabi" cristão que a frase "e a sua semente", repetida na aliança abraâmica, não se refere a muitos, mas à verdadeira "semente", o próprio Jesus, por meio de quem a promessa, a bênção das nações, foi cumprida pela vinda do Espírito (Gálatas 3:1—4:7).

Portanto, nossa missão global está profundamente entrelaçada no entendimento bíblico da morte e da ressurreição de Jesus por toda a humanidade (veja esp. 1Timóteo 2:4-6), já que tal entendimento está enraizado, antes de tudo, no próprio ensino de Jesus. O fato de ele dar a própria vida "por muitos" significa "pelos grandes e incontáveis" (refletindo Isaías 53:11-12) que ouvirão as boas-novas e responderão com arrependimento. A proclamação das boas-novas é o objetivo da missão contínua da igreja.

"passagem" (BJ). (N. da T.: Atualmente, a *Bíblia de Jerusalém* já traz o termo "êxodo".) Mas, ao usar essa palavra grega, é óbvio que Lucas quer dizer muito mais do que simplesmente morte ou "partida". Em sua morte, Jesus efetiva o novo êxodo, a nova salvação para o povo de Deus.

O Reino como "já" e "ainda não"

A estrutura escatológica do Reino como "já" e "ainda não" oferece mais base teológica para nossa missão global. Por um lado, o "já" do Reino como "boas-novas aos pobres" é a premissa fundamental para toda a nossa compreensão do ministério de Jesus e, portanto, também o imperativo inerente ao Reino até sua consumação final. A proclamação das boas-novas do Reino está no centro de tudo que Jesus disse e fez; essa é a "proclamação do Reino" que ele inaugurou.

Ao mesmo tempo, e por outro lado, o "ainda não" do Reino não significa que simplesmente aguardamos que Deus conclua o que Jesus começou. Ao contrário, significa que o Reino inaugurado, as boas-novas de salvação para todos, que Jesus proclamou, deve ser ainda mais pregado aos "pobres" de todos os lugares. Essa é precisamente a intenção das palavras do próprio Jesus: "Este evangelho do Reino [boas-novas] será pregado em todo o mundo como testemunho a todas as nações, e então virá o fim" (Mateus 24:14). E essa é, por sua vez, o motivo da Grande Comissão dada aos discípulos pelo Ressurreto: "Vão e façam discípulos de todas as nações" (Mateus 28:19).

Assim, vivemos nossa atual existência "entre os tempos" — entre o início e a conclusão do Fim. A consumação final, nosso futuro glorioso, nos foi garantida pela morte e ressurreição de nosso Senhor. Mas, enquanto isso, até que aquele futuro se conclua, somos o povo do futuro na era atual, que continua a proclamar o Reino como boas-novas aos pobres.

O Reino como "boas-novas aos pobres"

Outra implicação para a missão global da igreja está no anúncio que Jesus faz do Reino como boas-novas *aos pobres*. Já explicamos que isso inclui tanto os "pobres" tradicionais do Antigo Testamento (especialmente os vulneráveis e indefesos) como os "pobres" no sentido mais amplo, ou seja, todos os que estão "pobres de espírito" na presença do eterno Deus e, portanto, se tornam destinatários de sua graça e misericórdia. As bem-aventuranças de Lucas 6:20-21 e Mateus 5:3-10, respectivamente, abordam essas duas ênfases. A tragédia de grande parte da história da igreja subsequente é sua tendência a funcionar com um "meio-cânon" (tanto a versão lucana como a de Mateus) com relação a essas palavras de Jesus. Para alguns, "os pobres" são pobres apenas em sentido espiritual, ou seja, os pecadores; para outros, geralmente em resposta a essa primeira teoria, "os pobres" tendem a ser vistos apenas como os economicamente vulneráveis. Essa lamentável bifurcação foge bastante ao ministério do próprio Jesus.

Obviamente, a base veterotestamentária para essa linguagem deriva da Lei, com as expressões da preocupação que Deus tem pelos indefesos, para que não sejam negligenciados, ou ainda pior, que o restante do povo tire vantagem deles. Em uma sociedade mais agrária, as pessoas são "pobres" geralmente em referência à terra. Em Deuteronômio, de modo especial, eles incluem tanto os de fato desamparados — as viúvas e os órfãos — como os levitas e os estrangeiros, precisamente porque eles não tinham acesso direto à propriedade de terras. Assim, ao longo de todo o Antigo Testamento, a verdadeira piedade é expressa como defesa da causa dos pobres (veja as magníficas expressões disso em Jó 29:7-17; 31:5-8; 13:23), e os perversos são denunciados em termos similares (veja Amós; Isaías 58). Ao mesmo tempo, especialmente em Salmos, os "pobres" são aqueles que sofrem adversidade o tempo todo e incluem tanto os oprimidos (Salmos 9) como aqueles que estão conscientes de seus pecados perante Deus (Salmos 32; 51).

Assim, quando Jesus anunciava boas-novas aos pobres, sua proclamação era dirigida aos desamparados em todos os sentidos do termo. Dois pontos são importantes para o propósito de nosso texto. Primeiro: nosso evangelho não é simplesmente "salvar almas"; antes, como foi com Jesus, consiste em trazer integridade a pessoas atingidas por todo tipo de aflição. A missão simplesmente não pode ser dividida entre "espiritual" e "física". Fazer uma é fazer a outra, e ambas constituem a missão global da igreja.

Segundo: conforme evidenciado principalmente no evangelho de Lucas, os "pobres" para quem Jesus veio são representados por todos os tipos de excluídos do primeiro século — os pobres tradicionais, os pecadores, os samaritanos, os gentios, as mulheres. Lucas, ele próprio um gentio, reconheceu que o cerne do ministério de Jesus era a "salvação para todos". Em seu evangelho, ele inclui especialmente narrativas que ilustram a "porção marginal" da sociedade para quem Jesus veio. Em Atos, ao focar na missão gentílica, ele demonstra que, por meio do Espírito, Deus tinha o objetivo de trazer salvação até aos confins da terra. Tal compreensão, como Lucas enxergou com tanta clareza, era absolutamente central no ministério de Jesus.

Por isso, nossa missão global está enraizada principalmente na aplicação que Jesus faz de Isaías 53 e 61:1-2 a si mesmo. Ele próprio trouxe o tempo do Fim, o "ano da graça do Senhor", no qual as boas-novas aos pobres significavam libertação para todos os tipos de cativos. Jesus foi ungido pelo Espírito justamente para cumprir tal missão e, por sua vez, derramou o Espírito sobre seus discípulos, para que eles também pudessem dar prosseguimento à mesma missão.

O Espírito e o Reino

Finalmente, mais um aspecto do Reino e de nossa missão global precisa ser considerado, especialmente em um livro que foi em parte desenvolvido para fornecer argumentação bíblica a favor da missão pentecostal, que é o papel do Espírito no Reino. Aqui, mais uma vez, utilizamos a apresentação que Lucas faz das boas-novas, pois ele deixa claro que tanto o Salvador quanto seus seguidores são empoderados pelo Espírito para a vida e o ministério no Reino. Especialmente em seu Evangelho, Lucas destaca o Espírito como o poder da vida e da missão de Jesus;[26] e é por meio desse mesmo Espírito que ele interliga seu evangelho com Atos:[27] como proclamação contínua de boas-novas aos pobres — e, portanto, até os confins da terra.

Assim como ocorreu com eles, acontece conosco. O Reino chegou e ainda está por vir. Com Jesus, o tempo do futuro, o dia da salvação, foi inaugurado. Mas o empoderamento é obra do Espírito Santo. O que Jesus começou tanto a fazer como a dizer é agora o ministério que ele deixou para sua igreja até que ele volte. A missão é a do próprio Jesus — o reino de Deus como boas-novas aos pobres. Mas a capacitação para o Reino, assim como naquela época, é obra contínua do Espírito. Que Deus, pelo seu Espírito, nos ajude tanto a querer como a efetuar sua boa vontade — a salvação para todos por meio de Cristo.

---

[26] Não só Jesus foi concebido pelo Espírito Santo (Lucas 1:35), mas também todo o seu ministério terreno foi vivido pelo poder do Espírito. O Espírito Santo desceu sobre ele em seu batismo (3:21-22); ele foi conduzido ao deserto pelo Espírito para um período de tentações (4:1); retornou do deserto para a Galileia no poder do Espírito (4:14); foi pelo "poder do Senhor" que Jesus curou os enfermos (5:17). Coerente com esse cenário, o discurso de Pedro na casa de Cornélio foi: "... como Deus ungiu a Jesus de Nazaré com o Espírito Santo e poder, e como ele andou por toda parte fazendo o bem e curando todos os oprimidos pelo diabo, porque Deus estava com ele" (Atos 10:38).

[27] Veja, por exemplo, a conclusão do Evangelho (24:45-49), em que sua proclamação das boas-novas de perdão a todas as nações seria cumprida com Jesus enviando-lhes "o que o Pai prometeu", ou seja, "poder do alto". É aqui que a história de Atos começa — com a repetição da promessa do Espírito para que eles testemunhassem às nações (Atos 1:1-11), seguida pela narrativa do derramamento do Espírito (2:1-41), que é concluída com a promessa do Espírito "para todos os que estão longe, para todos quantos o Senhor, o nosso Deus chamar" (v. 39). Observe especialmente Atos 1:1-5, em que esse ministério está especificamente ligado a "tudo o que Jesus *começou* a fazer e a ensinar".

Conheça outros livros da LINHA PENTECOSTAL-CARISMÁTICA pela THOMAS NELSON BRASIL

Autoridade bíblica & experiência no Espírito,
por Kenner Terra e Gutierres Siqueira

Inspirado,
por Jack Levinson

Pensando em línguas,
por James K. A. Smith

Pneumatologia,
por Gutierres Siqueira

Teologia Pentecostal em diálogo com N. T. Wright,
organizado por Janet Meyer Everts e Jeffrey Lamp

Teologia Sistemático-Carismática,
por César Moisés Carvalho e Céfora Carvalho

Este livro foi impresso pela Lis Gráfica, em 2023, para a
Thomas Nelson Brasil. A fonte do miolo é a Arno Pro.
O papel do miolo é polén natural 70g/m2.